Erhard Thiel

Die Körpersprache verrät mehr als tausend Worte

Ariston Verlag · Genf und München

Andere Werke aus unserem Verlagsprogramm finden Sie am Schluß des Buches verzeichnet

Die Deutsche Bibliothek – CIP-Einheitsaufnahme

THIEL, ERHARD
Die Körpersprache verrät mehr als tausend Worte /
Erhard Thiel, – 8. Aufl. – Genf; München: Ariston Verlag, 1994.
ISBN 3-7205-1347-5

Schutzumschlaggestaltung: ABC-Werbeagentur, München
Zeichnungen: Fred Lengnick, Regensburg
Satz: Utesch Satztechnik GmbH, Hamburg
Druck und Bindung: Wiener Verlag, Himberg bei Wien
Erstauflage März 1986
Achte Auflage März 1994
Printed in Austria 1994

ISBN 3-7205-1347-5

Inhalt

KAPITEL 1

Körpersprache – was ist das eigentlich?

Präsentation einer Werbeidee: Es geht um einen Zweimillionenetat. Die Werbeagentur macht sich große Hoffnungen. Ein kompliziertes Konzept für ein pharmazeutisches Produkt, das Schwierigkeiten macht, soll vorgestellt werden. Vielleicht war der Einstieg zu abrupt, vielleicht wurde das Feld nicht genug vorbereitet. Als der Texter anfängt, die Anzeigenmanuskripte vorzulesen, fühlt er sich, als tappe er in ein Loch. Es kommt nichts »rüber« – ein Gefühl, das Schauspieler ebenso wie Musiker fürchten: Nullreaktion, lähmendes Schweigen. Dem Mann, der seine Texte vorträgt, beginnt die Zunge am Gaumen zu kleben. Sprechen mit trockenem Mund ist wie Kauen auf Watte. Auch mit gesenkten Augen, die auf die Zeilen seines Manuskriptes fixiert sind, nimmt er in der Peripherie seines Blickfeldes die stumme Antwort wahr: gekreuzte Arme, das Kinn nach unten gedrückt. Die Produktmanager des Pharmakonzerns haben sich in ihren Stühlen nach hinten gelehnt.

Der Texter spürt: Hier geht jetzt gar nichts; es hätte keinen Zweck mehr, weiterzulesen. Die Grundidee wurde noch nicht richtig verstanden, es ist viel zu früh für Details. Er stoppt und sagt: »Ich glaube, wir sollten noch einmal zum Ausgangspunkt zurückkehren.« Dann beginnt er seine Präsentation von vorne aufzurollen. Nach einer Stunde kommt er dann erneut auf die Texte. Jetzt ist die Situation total verändert. Die Zuhörer verstehen, es kommt endlich was »zurück«, mehr noch, da ist Akzeptanz, unausgesprochen, aber spürbar: Botschaften, die mit Händen, Beinen, mit Gesten, Mimik und Haltungen gegeben werden.

Diese Sprache des Körpers ist ehrlicher als das, was uns über die Lippen kommt. Ja, tatsächlich, was wirklich wichtig ist, das »hören« wir mit den Augen. Nur sieben Prozent aller Informationen, die wir aus einem Gespräch gewinnen, holen wir aus den Worten. Das fand der Anthropologe ALBERT MEHRABIAN heraus. 38 Prozent beziehen wir aus dem Klang der Stimme und 55 Prozent aus der Körpersprache. Denken Sie bitte auch daran, daß außerdem noch andere Sinne beteiligt sind. Die Nase ist zum Beispiel ebenso auf der Suche nach der Wahrheit, und unser Tastsinn sondiert gleichfalls kräftig mit.

Ein Psychologieprofessor war als schweigender Zuhörer bei Gesprächen dabei, und er drückte dazu auch noch die Stoppuhr. Dabei kam der Amerikaner BIRDWHISTELL darauf, daß wir am Tag nicht mehr als zehn, zwölf Minuten sprechen und daß ein durchschnittlicher Satz nicht länger als zweieinhalb Sekunden dauert. Auch für Birdwhistell ist es ganz eindeutig, daß 65 Prozent unserer Informationen bei einer zwischenmenschlichen Begegnung der verbalen Art nicht aus Worten stammen.

Was über den »verbalen Kanal« kommt, das sind lediglich die sogenannten harten Fakten. Auf dem »nonverbalen Kanal« wird das transportiert, was letztlich ein »Bild in der Seele« zeichnet: Zwischentöne, Haltungen, Stimmungen, eben die echten Gefühle. Kenner der Körpersprache können allein aus dem Klang einer Stimme erraten, welche Bewegung jemand gerade macht.

Unsere Hände, Arme und Beine sind mindestens so vielsagend wie unsere Zunge. Und ebenso wie Worte können auch Gesten mehrdeutig sein. Ihren Sinn erhalten sie erst im Zusammenhang mit anderen Gesten, genau wie Worte allein für sich ziemlich verloren dastehen.

Einer der häufigsten Fehler bei der Deutung der Körpersprache ist es, sich auf einzelne Gesten zu stützen. Körpersprache hat ihre eigene Grammatik und Interpunktion. Jede Geste steht für ein einzelnes Wort. Und ein aus dem Zusammenhang gerissenes Wort kann – wie wir alle nur zu gut wissen – die unterschiedlichsten Bedeutungen bekommen. Gesten erzählen nur als komplette Serie die Wahrheit über das, was hinter den Worten steckt. Zur »vollen Wahrheit« gehört also auch die »runde Choreographie« der Gesten. Da muß die Beinhaltung zur Armstellung passen, wenn das ganze Bild »stimmig« sein soll.

Das klingt alles höchst kompliziert. Dabei ist Körpersprache eine Sache des Instinkts. Auf diesem Sektor ist bei uns zwar einiges verschüttet – das innere Ohr für diese Sprache sozusagen schwerhörig geworden –, aber mit ein wenig Training läßt sich manches wieder wecken. Ein paar Zeichen dieser stummen Sprache sind uns angeboren. Andere wiederum müssen wir lernen. Beobachtungen an blindgeborenen und tauben Kindern, die nie die Möglichkeit hatten, Gesten zu sehen, beweisen, daß es beides gibt: die ererbten und die erlernten Gesten.

Charles Darwin (1809–1882), jener englische Naturforscher, der die Abstammung des Menschen in die Nähe der Affen rückte, hat mit der Wissenschaft von der Körpersprache eigentlich angefangen. In unserem Jahrhundert wurde die Forschung dann gewaltig ausgeweitet. Die amerikanischen Forscher Friesen und Sorenson schauten Menschen in fünf Kulturen und auf ebenso vielen Kontinenten auf die Finger und kamen dabei zu einem überraschenden Ergebnis: Ob Aborigines in Australien, Eskimos im Eisschrank der Welt, Indianer in Südamerika, ob in Afrika oder Indien – überall gibt es die gleichen Grundgesten, die gleiche Mimik. Die Körpersprache für Gefühle wie Freude, Wut und Trauer, Interesse und Überraschung, Furcht und Zorn, Ekel, Verachtung und Scham ist über die Grenzen der Weltmeere hinweg überall gleich. Diese Zeichen sind ein gemeinsames Erbe der Menschheit. Andere Zeichen werden erlernt, also abgeschaut. Wenn wir sie lernen, ahmen wir Vorbilder nach.

Gesten haben also eine gemeinsame Weltsprache. Aber sie haben auch ihre Dialekte. Und selbst hierzulande sind diese Dialekte so unterschiedlich wie der Tonfall im Komödienstadel und auf der Bühne des Ohnsorgtheaters.

Richtig populär wurde die Kommunikation ohne Worte durch den Stummfilm. Der war, wie wir alle wissen, nämlich nicht nur schwarz und weiß, sondern auch total sprachlos. Gut und Böse waren eigentlich nur an den Gesten zu erkennen.

Mittlerweile ist die Wissenschaft der Sache nachgestiegen und hat mehr als eine Million unbewußter und bewußter Gesten gesammelt. Dabei sind die Forscher auch auf einige Ungereimtheiten gestoßen. Warum, zum Beispiel, legen wir beim Verschränken der Arme stets den gleichen über den anderen? Die Antwort steht noch aus. Und warum schlüpfen die Männer stets zuerst mit dem rechten Arm in einen Jackenärmel, während die Frauen meist von links einsteigen? Und wenn ein Mann im Gedränge an einer Frau vorbeigeht, warum wendet er ihr seine Vorderfront zu, während sie dagegen den Körper von ihm wegdreht? Versucht sie damit instinktiv ihre Brüste zu schützen? Ist dies eine angeborene weibliche Reaktion, oder übernimmt eine Frau diese Geste unbewußt von anderen Frauen, einfach durchs Abschauen?

Auch über den Ursprung aller Gesten sind sich die Forscher noch nicht so recht einig. Gut, wenn wir glücklich sind, dann lächeln wir, und wenn wir traurig sind, nehmen wir einen typischen Gesichtsausdruck an. Wir nicken zur Bestätigung. Aber warum machen die Inder, als einzige Kultur auf der weiten Welt, genau das Gegenteil? Warum nur bedeutet Nicken dort »Nein« und Kopfschütteln »Ja«?

Unsere Sprache hat sich in den Abertausenden von Jahren, in denen sie gesprochen wurde, grundlegend verändert. In unseren Gesten sind wir uns treu geblieben. Sie sind ein Erbstück aus den Urzeiten der Menschheit – wie das Lachen.

Was so freundlich, verbindlich und verbindend wirkt, war ursprünglich nichts anderes als eine Drohung. Die Wissenschaft vom Lachen weiß mittlerweile: Je unmittelbarer, je spontaner wir lachen können, desto mehr sind wir mit uns selbst im reinen. Neurotiker zum Beispiel verstehen gar keinen Spaß. Und wem das Lachen überhaupt nicht mehr so recht über die Lippen kommen will, der ist übel dran. Dem drohen Schäden an Körper und

Seele. Allerdings ist die Analyse eines Lachens genauso schwierig wie die eines Parfüms, weil so viele verschiedene Ingredienzien aus unterschiedlichen Gefühlen drinstecken. Eines ist für den Reflex Lachen allerdings unerläßlich: ein Spritzer Aggression oder Furcht. In feinster Form ist diese Tendenz selbst noch im leisesten Lächeln enthalten – wie das Salz in einer mit viel Fingerspitzengefühl gewürzten Suppe.

Der bekannte französische Philosoph Henri Bergson (1859–1941) glaubte gar, die »momentane Betäubung« des Herzens im Lachen auszumachen, aber auch strafende Zurückweisung und die uneingestandene Absicht, jemanden zu demütigen. Jedenfalls stammt der Urreflex, bei dem die Oberlippe über das Nervensystem zum heftigen Zucken stimuliert wird, aus dem Wahrnehmen einer Überlegenheit gegenüber der Schwäche eines anderen. Zugegeben, unter Streß und Druck ist es nicht immer leicht, die Zähne zu zeigen. Auch das anfangs routinierte Breitwandlächeln des amerikanischen Präsidenten Jimmy Carter verlor während seiner vierjährigen Amtszeit und diversen demütigenden Schlappen für seine Politik deutlich an Format. Scharfe Beobachter seiner Mundpartie sahen es von den einstmals optimistisch gebleckten zehn Zähnen beim Einzug ins Weiße Haus auf sieben Zähne beim Auszug im Januar 1981 zusammenschrumpfen.

Doch gerade dann, wenn der Druck am größten ist, dann ist es auch am wichtigsten, die Zähne zu zeigen. Und so führen die Verhaltensforscher unser Lachen geradewegs auf das drohende Zähnefletschen der Affenahnen zurück.

Warum der Körper so schlecht lügen kann

Haben Sie das schon bemerkt? Je höher jemand auf der Leiter der Macht steht, desto bescheidener sind seine Gesten. Und je tiefer er auf dieser Leiter steht, desto reicher ist seine Körpersprache. Und noch etwas: Je älter wir werden, desto mehr bremsen wir unsere Körpersprache. Macht und Alter reduzieren die Gesten. Ein Beispiel: Wenn ein Kind lügt, dann bedeckt es den Mund mit der Hand. Diese unbewußte Geste geht zwar nicht verloren, sie ändert sich aber mit den Jahren. Wenn ein Erwachsener lügt, dann gibt ihm sein Unterbewußtsein ebenfalls den Befehl, die Worte zurückzuhalten. Nur folgen Erwachsene nicht mehr blindlings dem Unterbewußten, sie stoppen die Geste ab. Die Hand fährt zwar zum Gesicht, aber im letzten Moment gibt es so eine Art Notbremsung. Sie wird zur Nase abgelenkt, als ob's da jucken würde. Mit anderen Gesten ist das ähnlich. Deshalb wird es auch immer schwieriger, jemandes Körpersprache zu lesen, je älter dieser Mensch ist. Trotzdem – der Körper lügt nicht. Er beißt sich – bildlich gesehen – zwar häufiger auf die Lippen, aber das ist ja auch vielsagend.

Am schwierigsten wird das Lügen, wenn uns jemand besonders nahe kommt. Dann werden all die winzigen Signale wahrgenommen, die plötzlich nicht mehr stimmen – Mikrosignale, die wir nicht so richtig kontrollieren können: das Hochziehen einer Augenbraue, ein Zucken im Mundwinkel, sich verengende Pupillen. Dies sind alles Zeichen, die das Supersignal der Ehrlichkeit, die offenen Handflächen, Lügen strafen können. Meist spüren wir den Schwindel instinktiv. Aber nicht immer wollen wir unserem »sechsten Sinn« glauben, wollen es nicht wahrhaben, wenn Worte und Gesten nicht mehr synchron laufen.

Bei Frauen ist dieses Gespür für Gesten, die nicht mehr zu den Tönen passen, besonders ausgeprägt. Am stärksten ist dieser »sechste Sinn« bei Frauen, die Kinder haben. Wissenschaftler begründen das vor allem mit Training, weil die jungen Mütter sich in den ersten Lebensjahren ihrer Kinder nur per Körpersprache mit ihnen verständigen.

Auch wer es immer wieder übt, wie zum Beispiel Politiker, ist lediglich für kurze Zeit in der Lage, seine Körpersprache zu »fälschen«. Und er muß sich höllisch kontrollieren, damit der Körper nicht immer wieder eigenmächtige Signale aussendet, die seine Worte Lügen strafen.

Schauspieler, professionelle »Lügner« aus künstlerischen Motiven, müssen ebenfalls diese Erfahrung machen. Deshalb legen sie auch so großen Wert darauf, daß zwischen ihnen und dem Publikum stets ein gewisser Abstand herrscht. Das ist die Distanz, die Illusionen schafft. Die neuen Medien haben es den Mimen nicht gerade leichtgemacht. Auf der Bühne, da müssen die Bewegungen, die Gesten stilisiert, überhöht und zum Bersten mit Affekten beladen sein: Seelenschmerz in einer einzigen Handbewegung, ergreifend bis zum hintersten Rang. Bildschirm und Leinwand haben die Darsteller der Fiktionen scheinbar in Griffnähe herangerückt. Auf dem kleinen Bildschirm entlarven sich aber die großen Gesten als unglaubwürdig, bombastisch und lächerlich. Schauspieler müssen deshalb vielseitig sein und vor der Kamera differenziertere Nuancen zur Geltung bringen. Mancher, der auf der Bühne ein »Göttlicher« war, wurde in der Nahaufnahme zum Blender.

Läßt sich mit der Körpersprache nicht doch ein wenig manipulieren?

Gut, vielleicht ein bißchen! Die Schwierigkeit mit dem Lügen liegt darin, daß sich unser Unterbewußtsein nicht so einfach an die Kette legen läßt. Immer wieder macht es sich frei und agiert automatisch.

Deshalb werden auch all jene, die sich nur hin und wieder eine Notlüge erlauben, am häufigsten ertappt. Während sie lügen, sendet ihr Unterbewußtsein besonders viel »nervöse Energie« aus. Die wird zu einer fahrigen Geste, die alles wieder in Abrede stellt, was mit Worten gerade mühsam aufgebaut wurde. Um es zynisch überzogen zu sagen: Wer rein berufsmäßig hin und wieder vom geraden Weg der reinen Wahrheit abkommt, wie Politiker, Schauspieler, Vertreter oder Verkäufer, hat seine Körpersprache meist so weit kultiviert, daß es nicht ganz einfach ist, die Lüge zu erkennen.

Wer die Unwahrheit sagen und zugleich überzeugend wirken will, müßte praktisch *alle* Gesten unterdrücken. Das gelingt eigentlich nur halbwegs mit den ganz großen Gesten. Die kleinen, die Mikrobewegungen, lassen sich aber nicht so leicht an die Leine legen: jenes bereits erwähnte Zucken diverser Gesichtsmuskeln, das Erweitern und Verengen der Pupillen, die Schweißperlen auf den Augenbrauen, das Erröten der Wangen, das Zwinkern und tausend andere Gesten, die Zuhörern (und vor allem »Zuschauern«) das Gefühl geben, daß die Sache einen Haken hat. Aber nur Profis im Enttarnen von Lügen, die Psychologen und Kriminalisten, können diese Mikrogesten, die ja nur für Bruchteile von Sekunden auftauchen, ganz bewußt wahrnehmen.

Wenn eine Lüge funktionieren soll, es ist die sicherste Taktik, seinen Körper außer Sichtweite zu bringen. Es ist auch leichter zu lügen, wenn man hinter einem Schreibtisch sitzen oder zum Beispiel über einen Zaun schaut. Der sicherste Weg für eine Lüge ist aber immer noch das Telefongespräch, deshalb wird es auch stets für Abschiede und Ausreden aller Art eingesetzt.

Wenn Sie die Körpersprache verstehen lernen möchten, dann nehmen Sie sich ein wenig Zeit und studieren Sie die Gesten der anderen – dort, wo die Körpersprache echt und ursprünglich ist: auf einem Bahnhof oder einem Flughafen zum Beispiel, weil dies Orte sind, wo wir unter Zeitdruck stehen und wo elementare Gefühle im Spiel sind, Glück und Freude, Ärger und Sorge oder Ungeduld. Aber schauen Sie nicht nur genau hin, wenn bei den anderen die Schranken der Kontrolle fallen, wenn Ihre Mitmenschen so gestikulieren, gehen, stehen und sitzen, wie sie fühlen. Werden Sie sich auch Ihrer eigenen Körpersprache bewußt! Selbsterkenntnis läßt Sie dann nämlich in Zukunft besser »durchblicken«.

KAPITEL 2

Machtfeld Büro: wo man sitzt, wer man ist und was man wird

Sympathieerklärungen werden mit dem Hosenboden abgegeben. Wer die Knie krumm macht, um am Konferenztisch Platz zu nehmen, enthüllt mit dem ersten Stühlerükken schon tief versteckte Motive. Der Stuhl, der Platz am Tisch, zeigt den Platz in der Gruppe, zeigt, wem die Sympathien gehören und wo die Gegner sitzen – denn wie und wo man sitzt, so fühlt man.

Sie kennen das vielleicht, eine Konferenz ist angesagt – auch oft *Brainstorming* genannt –, woran sich erkennen läßt, daß eine Sturmflut von Ideen das Ergebnis sein soll: Da trifft sich drei-, viermal die Woche immer die gleiche Crew stets an demselben Tisch. Vielleicht ist er rund, vielleicht auch rechteckig. Doch wie auch immer, stets zieht es alle Teilnehmer zu den Plätzen, die sie beim ersten Mal gewählt hatten. Ist aber ein Neuer im Kreis, der sich vielleicht ahnungslos auf einen Stammplatz hockt, breitet sich Unruhe aus. Warum? Eine komplizierte Konstruktion sehr subtiler Beziehungen wird aufgebrochen, denn so eine »zufällige« Sitzordnung ist alles andere als ein Zufall. Jeder Sitzplatz ist ein Bekenntnis, sagen die Detektive unseres Seelenlebens, die Psychologen. Mit der Platzwahl geben wir eine Grundsatzerklärung ab, und das, ohne ein Wort zu sprechen. So eine eingefahrene Sitzordnung ist die tollste »Beziehungskiste«.

Fangen wir gleich oben an, beim Boß. Sein Platz markiert die höchste Sprosse der Leiter, und das schon seit den Tagen von König ARTUS und seiner Tafelrunde. Der legendäre Keltenkönig darf somit als Erfinder des »Round-table-Gesprächs« gelten. König Artus war zweifellos ein kluger Mann. Den runden Tisch hatte er gewählt, um jedem den gleichen Status zu geben. Außerdem wußte er, daß so ein runder Tisch gelassen stimmt und eine nüchterne, sachbezogene Atmosphäre schafft. Jeder sollte sich an seiner Tafelrunde als Mittelpunkt fühlen, weil es, wie Artus glaubte, beim runden Tisch weder oben noch unten gibt. Trotzdem hatte Artus etwas nicht bedacht, nämlich die Tatsache, daß nicht alle Männer am runden Tisch den gleichen Status besaßen. Den höchsten hatte er selbst inne. Das bedeutete auch, daß die Ritter neben ihm über die meiste Macht in der Gruppe verfügten. Der Ritter zu seiner Rechten (seine »rechte Hand«) besaß mehr Macht als der zu seiner Linken (eben seine »linke Hand«). Und diese Macht wurde immer schwächer, je weiter die anderen Ritter von ihm entfernt saßen. Das machte schließlich aus seinem direkten Gegenüber so etwas wie einen Gegenspieler. Kein Wunder, daß es auch an der Tafelrunde immer wieder Ärger gab. Dieses »Artusgesetz« gilt auch heute noch.

Am leichtesten läßt sich so eine Sitzordnung mit einem Zifferblatt vergleichen, mit einem der vordigitalen Zeit, versteht sich. Also: Beim Boß, da schlägt es zwölf. Er hockt auf der »High-noon-Position«. Links und rechts von ihm, auf ein und elf Uhr, sitzen die Adjutanten. Zusammen mit dem Boß bilden sie ein bärenstarkes Dreieck der Macht. Daneben, auf zwei und zehn Uhr, sitzen wankelmütigere Konferenzritter. Sie tendieren zwar nach oben, tun sich aber mit einer eigenen Meinung schwer. Obwohl sie sich dem Boß ständig anbieten, kippen sie leicht um, wenn sie spüren, daß ihre Offerten nicht ankommen. Mit ihrem Ehrgeiz sind sie eine potentielle Gefahr für den Boß – weil leicht enttäuschbar und immer eifersüchtig auf die beiden Adjutanten.

Auf drei und neun Uhr dieses Zifferblattes der Macht sitzen stumme Nickerkollegen, die meist nur durch ein empörtes Räuspern aufhorchen lassen. Sie wollen zwar alles sehen, aber nicht unbedingt gesehen werden. Wo sie sitzen, ist eine tote Zone. Ihre Konzentration teilt sich auf in den Gruppenchef und in die starke Macht auf der Gegenseite, den Oppositionsführer. Das bedeutet: sie sind nach allen Seiten hin offen. Der Boß und sein Gegenspieler müssen den Kopf schon verdrehen, um die Nummer drei und die Nummer neun ins Blickfeld zu bekommen.

Den Nickern am nächsten sitzen die Solisten, und zwar auf den Plätzen vier und acht Uhr. Sie möchten zwar ganz gern eigene Ideen entwickeln, stellen sich aber nur dann einer offenen Auseinandersetzung, wenn sie dazu gezwungen werden. Für den Schlagabtausch mit offenem Visier fühlen sie sich nicht stark genug. Bleibt noch eine Dreierformation. Einmal der »offene Gegner«, die zweite starke Kraft in dieser Gruppe. Er ist auf dem Sechsuhrplatz anzutreffen – Auge in Auge mit dem Boß. Seine Helfer sitzen auf den Plätzen fünf und sieben Uhr. Ganz

Konferenzrunde nach dem »Artusgesetz«: Gewicht und Funktion der einzelnen Sitzpositionen finden Sie auf den Seiten 18–22 erläutert.

nebenbei bemerkt, ist der Adjutant zur Rechten, auf dem Fünfuhrplatz, der stärkere, meistens zumindest.

Plätze sind Bündnisse

Nehmen wir einmal an, Sie haben mit jemandem zu verhandeln, und zwar an einem rechteckigen Tisch. Jetzt liegt es an Ihnen, sich zu Ihrem Gast in die richtige Beziehung zu setzen (siehe Doppelseite 24/25).

Da wäre zuerst einmal die Position »übers Eck«. Sie sitzen an der Kopfseite des Tisches – eine ausgezeichnete Position mit vielen Vorteilen. Zuerst einmal ermöglicht Ihnen dieser Platz eine freundliche Unterhaltung, ohne daß Sie suggestiv-drängend auf Ihren Gesprächspartner wirken. Die Position »übers Eck« erlaubt Augenkontakt, aber auch Ausweichen. Außerdem: Zwischen Ihnen und Ihrem Gast wirkt die Tischecke dennoch als Barriere. Keiner fühlt sich eingeengt, keiner bedroht. Freundschaftliche Unterhaltungen »übers Eck« schaffen gute Startpositionen, ohne jeden Druck, in einer entspannten Atmosphäre.

Dann gibt es die Position an der Seite Ihres Gesprächspartners. Diese Position ist auch nicht schlecht, aber dann müßten Sie beide in vielen Punkten schon einer Meinung sein. Wer so sitzt, hat die Vorverhandlungen schon hinter sich. Grundsätzliches ist geklärt, jetzt gilt es nur noch, Einzelheiten zu besprechen. Allerdings sollten Sie darauf achten, daß der andere sich nicht eingeengt fühlt. Rücken Sie ihm zu dicht auf die Pelle, kann es passieren, daß er wie ein Igel die Stacheln ausfährt, wenn es im Gespräch einmal kritisch wird. Diese Position ist auch sehr günstig, wenn sich im Laufe des Gesprächs noch ein dritte Person einschalten wird.

Nennen wir diesen »dritten Mann« einmal den »technischen Experten«. Er klärt Detailfragen und setzt sich dabei am besten Ihrem Gesprächspartner gegenüber. Sie sitzen auf der Seite des Kunden – in jeder Hinsicht. Die Position des direkten Gegenübersitzens – vis-à-vis – kann leicht scharfe Töne ins Gespräch bringen, und häufig entwickeln sich zwischen den Gesprächsteilnehmern kontroverse Standpunkte. Groß ist auch die Gefahr, daß zwei Leute, die sich so gegenübersitzen, rechthaberisch auf ihren Meinungen beharren. Hier wird die Tischplatte zum »Kampfplatz«. Diese Position wird sehr häufig von Leuten gesucht, die miteinander im Wettbewerb stehen oder die jemanden zur Rechenschaft ziehen wollen.

Schließlich wäre da noch der »Beifahrer-Sitz«. So sitzt, wer eigentlich gar kein Gespräch will, mit Fremden am Gasthaustisch vielleicht oder in einer Bibliothek, wo jedes Wort stören würde. Aus dieser Position heraus lassen sich persönliche Beziehungen, ein Kontakt, ein Draht zum anderen wohl kaum aufbauen. Alles ist hier zu unpersönlich, zu distanziert. Es entsteht der Eindruck, als seien sich die Tischnachbarn unsympathisch oder hätten Angst voreinander.

Kleinkrieg am Tisch

Jeder hat ganz unbewußt dieses Spielchen schon einmal mitgemacht. Da sitzt man sich gegenüber, und unwillkürlich beginnt jeder mit allen möglichen Gegenständen sein Territorium abzustecken. Man rückt Zigarettenschach-

Freundlich übers Eck: die günstigste Verhandlungsposition. Hier ist die Atmosphäre entspannt und freundschaftlich. Das hat etwas mit der Freiheit der Blickrichtung zu tun. Der Blick kann hier ohne weiteres ausweichen, kann aber auch die Augen des Gesprächspartners suchen. Keiner fühlt sich direkt angegriffen.

Aug' in Aug': fast schon eine Konkurrenzsituation. Wer sich dem anderen so frontal nähert, läßt erkennen, daß er auch eine Auseinandersetzung nicht scheut und daß er es auf Rangkämpfe ankommen lassen will. In dem Gespräch könnte leicht ein feindlicher Unterton aufkommen.

Auf »seiner Seite«: Wer dem Besucher an die grüne Seite rückt, sollte dies allerdings nur tun, wenn die Vorgefechte schon ausgetragen sind und beide sich auf eine Meinung geeinigt haben, wenn also nur noch Einzelheiten auszuhandeln sind.

Kein Interesse: Wer so auf Distanz geht, zeigt, daß er mit seinem Gesprächspartner eigentlich nichts zu tun haben möchte. Die sogenannte »unabhängige Position« verrät entweder einen Mangel an Interesse oder ganz eklatant fehlendes Selbstbewußtsein.

teln auf die Mittellinie, verschiebt die Serviette, macht das Feuerzeug zum Grenzposten. Setzt sich der Tischnachbar über die abgesteckten Grenzen hinweg, wird es ernst. Der Kampf mit Salz- und Pfefferstreuern, mit der Zuckerdose und vielleicht auch mit dem Besteck beginnt. Am besten spielen Sie dieses Machtspiel einmal ganz bewußt durch – beim nächsten Arbeitsessen.

Nehmen Sie die Speisekarte und schieben Sie sie Ihrem Gegenüber zu. Auch wenn er gerade noch vorgebeugt gesessen hat, wird ihn das dazu bringen, zurückzuweichen. Jetzt wird der Aschenbecher mit einbezogen. Wahrscheinlich wird Ihr Gesprächspartner die Asche von seiner Zigarette abstreifen und den Aschenbecher wie zufällig ein wenig in Richtung auf Ihr Territorium schieben. Das ist wie ein Schachspiel. Jetzt nehmen Sie die Zuckerdose und rücken wieder vor. Sie werden feststellen, daß er unruhig wird. Nun schlagen Sie gleich mehrfach zu, mit Pfeffer und Salz. Wenn sich dann auch noch Ihre Serviette auf sein Gebiet zubewegt, wird ihn vielleicht nichts mehr auf seinem Stuhl halten. Er versucht die Situation zu beenden, indem er vorgibt, zur Toilette zu gehen. Prüfen Sie in dieser Zeit die Anordnung all der Utensilien dieses Machtspiels. Wenn er zurückkommt, lächeln Sie, stehen auf und gehen ebenfalls zur Toilette. Kehren Sie an Ihren Platz zurück, hat sich garantiert einiges verändert. Alle Gegenstände sind bis zur Mittellinie zurückgeschoben. Dabei sollten Sie es dann auch belassen – wenn Sie Wert auf eine freundschaftliche, unverkrampfte Unterhaltung legen. Sie wissen nun das Wichtigste, nämlich, wie stark wir unbewußt auf das Eindringen in unser Territorium reagieren.

Dieses Gesetz sollten Sie auch beachten, wenn Sie bei

einem Gespräch einmal auf die Seite des Gegenüber hinüber müssen, um ihm etwas zu demonstrieren. Am besten werfen Sie ihm zuerst einen »Köder« hin. Beißt er an, können Sie sich vorwagen. Legen Sie ein Schriftstück (oder einen Gegenstand) in die Mitte des Tisches. Es gibt drei Möglichkeiten: Ihr Gegenüber lehnt sich vor, er zieht das Schriftstück zu sich, oder er schiebt es wieder zurück. Wenn er sich vorlehnt, wünscht er nicht, daß Sie auf seine Seite kommen. Sie müssen schon von Ihrem Platz aus argumentieren. Zieht er aber den Gegenstand auf seine Seite, hat er angebissen. Jetzt können Sie ihn um Erlaubnis bitten, einmal kurz auf seine Schreibtischseite hinüberzuwechseln, um neben ihm – von der Position des Partners aus – über die Angelegenheit zu sprechen.

Am schwersten haben Sie es, wenn er den Gegenstand wieder zurückschiebt. Ganz wichtig ist: Kommen Sie ihm nicht zu nahe, wenn Sie kein Zeichen erhalten haben.

Von viereckigen und runden Tischen

Wenn das Gespräch kurz sein soll, wenn sich private Töne erst gar nicht einschleichen dürfen, dann ist der quadratische Tisch genau richtig. Hier treffen sich am besten Leute vom gleichen Status, um schnell auf den Punkt zu kommen. Die Stimmung ist oft kontrovers bis defensiv.

Am runden Tisch geht es gelassener zu, da ist die Atmosphäre locker und entspannt.

Am rechteckigen Tisch hat derjenige die meiste Macht, der das Kopfende besetzt. Und da es ja stets zwei Kopfenden gibt, ist jene Position stärker, die keine Tür im Rücken hat.

Jobtaktik: von Kraftfeldern und Raumdynamik

Wenn Sie sich Ihr Büro aussuchen können, wählen Sie ein Eckzimmer – auch wenn es noch so winzig sein sollte! In den Ecken sitzt nämlich die Macht. Jeder Versuch, aus einem Mittelzimmer heraus den Boß zu spielen, muß scheitern. Dieses Gesetz des Raumes hat als erster der amerikanische Unternehmensberater und Autor MICHAEL KORDA verbreitet.

Neuankömmlinge, die in ein Mittelzimmer einziehen müssen, tun gut daran, bei nächster Gelegenheit auf Umzug zu drängen, in ein Eckzimmer, versteht sich. Grundsätzlich gilt auch, daß der Einfluß mit wachsender Entfernung vom Eckzimmer abnimmt. Wer direkt neben dem großen Häuptling ein Zimmer beziehen kann, profitiert davon über alle Maßen: mehr Kontakt, mehr Gespräche, mehr Aufwind für die Karriere.

Wie Sie im Büro sitzen – das ist wichtig für Ihre Bandscheiben. *Wo* Sie sitzen – das ist wichtig für den Erfolg. Eigentlich sind die Großraumbüros heute ja kein Thema mehr, aber es gibt sie noch. Anfangs waren sie der Anlaß zu Bürorevolutionen – kein Wunder! Abteilungsleiter mußten auf Statussymbole verzichten, beispielsweise die eigene Sekretärin, Liebhaber des Chefzimmerflairs hatten sich umzuorientieren. Für das Großraumbüro sprechen die einfacheren Arbeitsabläufe, die schnellen, unkomplizierten Kontakte nach allen Seiten: mehr Information, mehr Teamwork und weniger Hierarchie. Autoritärer Führungsstil wird hier, unter aller Augen, schnell entlarvt. Andererseits: Ständiger Blickkontakt mit dem Vorgesetzten, dieses ständige Sehen und Gesehen werden, das wird zum puren Streß. Man fühlt sich permanent beobachtet und muß ständig beobachten.

Aber auch hier lassen sich Machtfelder aufbauen. Von den vier Ecken eines großen Raumes weisen die Magnetfelder wie spitze Keile in die Mitte, auf ein Kreisfeld, das im Grunde machtlos ist. Warum? Die Mitte ist Durchgangsgebiet. Hier wird laufend gestört, keiner hält sich in der Mitte auf.

Versuchen Sie also, einen Eckplatz zu erwischen. Ist es Ihnen gelungen, dieses Kraftfeld zu besetzen, müssen Sie es auch optimal ausnutzen. Am besten, Sie sitzen mit dem Rücken im Winkel. Machen Sie sich die Taktik der Revolverhelden zu eigen: viel sehen, aber sich nicht ungeschützt präsentieren. Wer die Blickrichtung zur Wand wählt – wozu schüchterne Naturen oft neigen –, hat nicht nur die Wand, sondern auch ein Brett vor dem Kopf. Stehen die Chancen schlecht, in nächster Zeit einen Eckplatz zu ergattern, machen Sie eben die Mitte stark. Gemeinsam mit den Kollegen, die es auch hierhin verschlagen hat. Mittelplätze lassen sich aufwerten. Bauen Sie Burgen und Barrieren aus Schreibtischen, Pflanzen, Aktenschränken. Als Wehrburg wird die Mitte dann zur fünften Kraft im Großraumbüro. Wichtig dabei ist, daß die Mitte kein Durchgangsgebiet und auch kein Parkplatz für geschwätzige Büroklatschverbreiter sein darf. Wenn dauernd Besucher kommen und stören, belegen Sie am besten die Stühle mit Arbeitsmaterial. Leere Stühle laden nämlich zum Hinsetzen ein. Schaffen Sie eine private Sphäre, die Sie mit Sichtblenden abdecken können.

Aber auch das Einmannbüro, das ersehnte, hat seine Kraftfelder, und die müssen Sie gleichfalls nutzen. Lassen Sie also Ihren Schreibtisch nicht einfach irgendwo abladen, wo gerade ein freier Platz ist. Auch wenn Sie nur zehn Quadratmeter vorfinden, sollten Sie die gezielt verplanen. Wer sich gedankenlos in das Büro des Vorgängers setzt, hat schon eine Runde verloren. Wenn Sie nichts ändern, übernehmen Sie auch gleich das Image des Vorgängers und werden sich schwertun, Ihre eigene Persönlichkeit zu entwickeln.

Wer sich falsch möbliert, sitzt im Machtraumbüro gleichfalls machtlos. Vielleicht sind Sie auf die verrückte Idee gekommen, Ihren Schreibtisch schräg zu stellen. Das sollten Sie schleunigst wieder geraderücken. Wenn es sich nämlich nicht gerade um ein Büro in den Abmessungen einer Mehrzweckturnhalle handelt, wirkt ein schräger Schreibtisch lächerlich. Die Psychologen deuten die Schräglage nämlich so: »Ich weiß, daß ich nur einen kleinen Raum habe, aber ich selbst bin einer von den ganz Großen – bloß hat es noch keiner so richtig gemerkt.« Also: geraderücken, wenn Sie nicht als Gernegroß eingestuft werden wollen!

Wenn Sie vor allem repräsentieren müssen (oder wollen), sollte der Schreibtisch am besten mitten im Raum stehen. Und zwar wie eine Barriere, wenn es sich um einen langgestreckten Raum handelt. Das wirkt sich dann folgendermaßen aus: der Besucher wird von dem einfallenden Licht geblendet, und Sie selbst sitzen im Schatten. Von einem Lichtkranz umstrahlt. Doch passen Sie auf, daß der nicht als Heiligenschein gedeutet wird! Allerdings: Wer an einem solchen Renommierschreibtisch ernsthaft und konzentriert arbeiten muß, steht sich mit einer solchen Raumordnung selbst im Weg – weil er seinen eigenen Schatten auf das Papier wirft.

Ist Ihnen daran gelegen, noch mehr Eindruck zu schinden, rücken Sie das Möbelstück so nahe wie möglich an die Tür. Dadurch wird der Platz für Besucher auf das äußerste eingeschränkt. Die räumliche Enge suggeriert dem »Eindringling« seine Unwichtigkeit. Beim Machtspiel im Büro haben Sie damit Ihren Platzvorteil radikal ausgereizt.

Geht es Ihnen (und Ihrem Chef) aber vor allem um harte Arbeit, dann stellen Sie Ihren Schreibtisch am besten so, daß von rechts oder links das Licht auf die Schreibplatte fällt. Der Besuchersessel wird an die Wand gerückt. Gäste fühlen sich in einem solchen Büro als Partner behandelt. Für Repräsentations- oder Imponiergehabe ist diese Anordnung allerdings ungeeignet, denn Sie müssen sich erst mühsam zur Seite wenden, wollen Sie mit einem Besucher sprechen.

Es hat sich mittlerweile ja schon weitgehend herumgesprochen, daß die Bosse in Sachen Büroeinrichtung mit allen Tricks arbeiten. Und es ist absolut kein Zufall, daß die sogenannten »leitenden Angestellten« besonders häufig über sehr niedrige Besuchersessel und Sofas verfügen. Wer hier Platz nimmt, der fühlt sich nämlich zu Boden sinken, muß sich vom Platzhalter von dessen höherer Ebene quasi von oben herab behandeln lassen. Diese Bodennähe schwächt schon vorab das eigene Selbstbewußtsein und damit die Position im Gespräch. Im Klartext bedeutet dies: »Mein Lieber, du bleibst mir am Boden.« Besonders nützlich für solch niederträchtige Absichten ist es auch, wenn Aschenbecher und Kaffeetassen ein wenig außer Reichweite stehen. Da wird das

Abstreifen der Asche und der Griff zur Kaffeetasse zu einer symbolischen Demonstration des eigenen Unvermögens.

Der Platz, der Ihnen angeboten wird, verrät im übrigen auch eine ganze Menge über die Absichten des Gesprächspartners. Wenn Sie bei einem Bewerbungsgespräch zum Beispiel zum Sofa statt zum Schreibtisch gebeten werden, dürfen Sie damit rechnen, daß sich Ihr Anliegen verzögern wird. Wie forsch der Gesprächsleiter die Unterhaltung auch immer steuern wird, am Ende wird nicht viel mehr dabei herauskommen als bei einem Small talk. Bietet man Ihnen allerdings gleich den Besucherstuhl am Schreibtisch an, wird es ernst, trotz aller möglichen verbalen Umwege Ihres Gesprächspartners.

Räume sind auch Statussymbole und damit Ausdruck der Persönlichkeit eines Menschen. Deshalb ist jedes Detail eines Raumes immens wichtig. Wie aus Mosaiksteinchen können Sie daraus ein Bild der Person formen, die hier arbeitet. Bilder, Teppiche, Vorhänge, Schreibtischgarnituren verraten einiges. Zuallererst sollten Sie sich merken: Alles, was hinter dem Schreibtisch hängt, was nur die Besucher sehen, ist auch nur für sie bestimmt. Hier hängen häufig Diplome oder eindrucksvolle Werksansichten.

Zum zweiten: Alles, was der Schreibtischhalter von seinem Platz aus sehen kann, ist vor allem für ihn selbst bestimmt und verrät einiges über sein Innenleben. Da finden sich Fotos rasanter Renner, die Zeugnis von der Leidenschaft für starke Motoren ablegen, edle Pferde, Sportdarstellungen, Bilder der Familie. Hängt an der Wand vor ihm ein Foto, dann haben Sie es mit einem sehr rationalen Mann zu tun. Handelt es sich um Technik oder ähnliches? Sein Job ist sein ein und alles. Oder hängt da Kunst (auch als Druck)? Alle Welt soll wissen, daß er eigentlich ein Schöngeist ist und keine Rechenmaschine.

Das Bild an der Seitenwand dagegen bedeutet ihm nichts. Wenn Sie erfahren können, wer es ihm geschenkt hat, wissen Sie schon, daß es sich nur um eine »Nullbeziehung« handeln kann.

Bürostuhlmanöver lockern Zungen

Erstaunliche Machtspiele sind auf Rollen möglich – auf rollenden Bürostühlen. Nehmen wir an, ein Chef hat mit einem seiner Angestellten ein sehr intensives Gespräch zu führen: heikle Fragen, die Sache hat fast den Charakter eines Verhörs. Als erstes sollte der Boß seinem Angestellten zeigen, daß er persönlich durchaus freundschaftlich empfindet und in verschiedenen Punkten auch mit ihm übereinstimmt. Deshalb: Gesprächseröffnung in einer rechtwinkligen Position der Stühle, der entspannten Atmosphäre wegen.

Wenn es ernst wird, geht allerdings das Stühlerücken los. Der Boß wird seinen Rollenstuhl dem Angestellten zuwenden. Dabei sagt er ihm, daß er auf offene Fragen auch offene Antworten wünscht. Außerdem ist er in seinen Gesten sehr sparsam. Das setzt den »Delinquenten«, der nicht ausweichen kann, weil er auf einem Stuhl ohne Rollen sitzt, unter starken Druck. Reibt er sich womöglich das Auge, was darauf hinweist, daß es ein paar Probleme mit der Wahrheit gibt, rückt der Boß auf seinen Rollen wahrscheinlich noch ein wenig näher, um ihn direkt anzublicken. (»Sind Sie sich da ganz sicher?!«) Dann rollt er wieder weg und nimmt damit den Druck von seinem Gesprächspartner. So kann er sich an eine besonders delikate Frage heranwagen und zu einer offenen Antwort ermutigen. Wichtig: Immer dann, wenn Druck ausgeübt werden soll, wird die direkte Konfrontation gesucht. Soll das Gespräch lockerer fließen, gilt es, Abstand zu halten!

KAPITEL 3

Stehen und sitzen: eine Frage des Standpunktes

Kennen Sie dieses scheußliche Gefühl? Ein Gespräch: Sie bemühen sich, jemanden für sich zu gewinnen. Aber Sie werden den Verdacht nicht los, daß der Gesprächspartner sofort verschwinden würde, ließen Sie nur einen Moment locker. In Handschellen legen können Sie ihn nicht. Er wendet sich Ihnen zwar zu, ist aber doch nicht bei Ihnen, ist, wie es scheint, auf dem Sprung. Und die Füße zeigen, wohin die Reise gehen soll. Füße verraten Fluchtwege. Weisen sie zur nächsten Tür, müßte Ihnen eigentlich alles klar sein. Wer sich hinausstehlen will, postiert seine Füße fast immer wie in Startblöcken in Richtung zum nächsten Ausgang.

Füße zeigen nicht nur an, in welche Richtung wir uns am liebsten bewegen möchten, sie verraten auch, wer und was uns interessiert. Ein Mädchen in einer Gruppe instinktiv »fußelnder« Männer nimmt diese »Hinwendung« unbewußt wahr und wird sich so lange in der Gruppe aufhalten, wie sie die Aufmerksamkeit der Männer registriert. Und findet sie einen Mann ganz besonders sympathisch, werden ihre Füße in dessen Richtung weisen.

Auch der Winkel, den zwei Personen beim Small talk einnehmen, läßt tief blicken. Er kann andere ein- und ausschließen. Stehen die beiden in einem 90 Grad Winkel zueinander, wenden also einen Teil ihrer Vorderfront Dritten zu, ist dies als Einladung zu verstehen, sich an diesem Gespräch zu beteiligen. Schrumpft der Winkel allerdings auf Null Grad, wenden sich also beide direkt einander zu, dann bilden sie schon eine geschlossene Gesellschaft. Auch wenn sie dritte Personen im Blickwinkel behalten, signalisieren sie durch ihre Stehposition eindeutig ihr Bestreben, unter sich zu bleiben.

Oft beginnt ein Gespräch mit einer Dreiecksposition. Im Laufe der Unterhaltung wenden sich dann zwei Personen ausschließlich einander zu. Eine deutliche Aufforderung an den dritten, zu verschwinden. Er wird symbolisch ausgeklammert.

Sitzen Sie auf einer Couch, sind Sie zwar weniger beweglich, aber auch hier gilt die Magie des Winkels. Deutliches Zeichen für Interesse ist das Hinwenden eines Knies zu einer Person. Zeigt sich der (oder die) andere per Kniesignal ebenso geneigt, ist aus einer Sitzposition schon ein geschlossener Kreis geworden. Sitzt noch jemand auf der Couch, kann er hier nur eindringen, indem er einen Positionswechsel vornimmt, sich einen Stuhl heranzieht und aus dem Kreis ein Dreieck formt.

Genau wie die Fußhaltung zeigt auch die Sitzposition Fluchtabsichten. Wer vorne auf der Stuhlkante hockt, ist auf dem Sprung und möchte auf und davon. Was ihn auf seinem Sitz hält, sind Konventionen – und Feigheit.

Selbstumarmung: Diese Haltung zeigt Gefühl, und dazu ist diese junge Frau im Moment ohne weiteres fähig. Im übrigen versucht sie, sich ins beste Licht zu rücken.

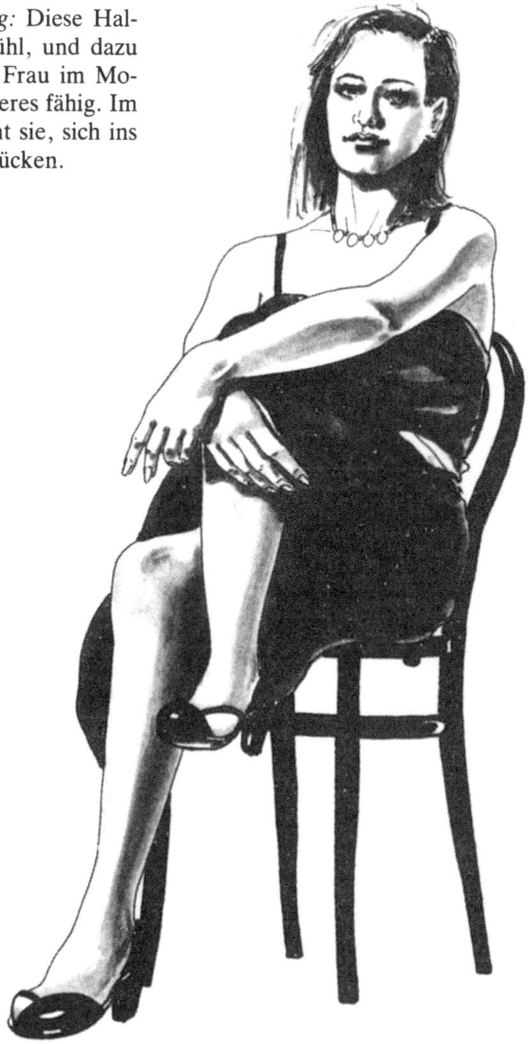

Begegnung der offenen Art: Keine Spannung, keinerlei Feindlichkeiten, alles ist offen, keiner wird ausgeklammert. Das wird deutlich durch die Körper, die in ihrer Ausrichtung keine Vorlieben erkennen lassen.

Einer ist zuviel: und zwar der Typ links; er wird von dem Mann in der Mitte weggesperrt. Der bildet nämlich mit dem Mädchen einen Zweierkreis und wendet sich ausschließlich ihr zu. Dem unerwünschten Dritten bleibt da nur noch eine eiskalte Schulter zum Auflaufen.

Abgeschlafft: Er hat sich ausgeklinkt, weil er total geschafft ist. Das zeigt nicht nur die lässige Sitzweise. Mit Daumen und Zeigefinger wird der Kopf abgestützt, durch den wohl gerade eine Menge trüber Gedanken kreisen. Die andere Hand hängt schlaff nach unten.

Reserviertes Interesse: Glücklicherweise hat sie ihre Arme nicht verschränkt, sonst wäre dies nämlich eine Geste des Mißvergnügens. So besehen, drückt sich in dieser Sitzhaltung lediglich ein reserviertes Interesse aus. Sie hält ein wenig Abstand – auf die elegante Art – und ist nicht leicht anzusprechen. Allerdings wird sie auch kaum selbst das Wort ergreifen.

KAPITEL 4

Hände sprechen Bände

Hände sagen »ja« und »nein« und immer die Wahrheit. Hände verraten Wünsche, zeigen Gefühle, signalisieren Stimmungen. Grund genug für Sie, den anderen künftig genauer auf die Finger zu schauen. Hände sind ausgesprochen schwatzhaft, und verschweigen können sie schon gar nichts, selbst wenn sie tief in den Hosentaschen stecken. Aus den scheinbar belanglosen, nervösen Fingerspielen können Sie Gedanken lesen. Und weil die anderen ihre Finger im Gespräch einfach nicht stillhalten können, helfen sie Ihnen taktieren und agieren. Hände geben Antworten, machen Angebote, auch wenn sich Ihre Gesprächspartner auf die Lippen beißen.

Vielleicht gehören Sie ja zu den Menschen, die ein feines Gespür für die Stimmungen ihrer Gesprächspartner haben. Diese glauben dann manchmal, Sie könnten Gedanken lesen (und vielleicht glauben Sie das auch selbst) und halten Ihre Begabung für eine Art sechsten Sinn. Das mag ja alles sein. Aber ganz sicher besitzen Sie ein besonders feines Gespür für die Sprache der Hände. Ganz sicher können Sie Gesten »lesen«. Selbst wenn bei Ihrem Gesprächspartner nur die Finger Stellung bezie-

Total verdreht: Das deutet auf ein ziemlich verworrenes Gefühlsleben hin. Jemand gibt sich kompliziert und ist es wohl auch. Die Handflächen sind verdeckt, es wird also auch einiges versteckt.

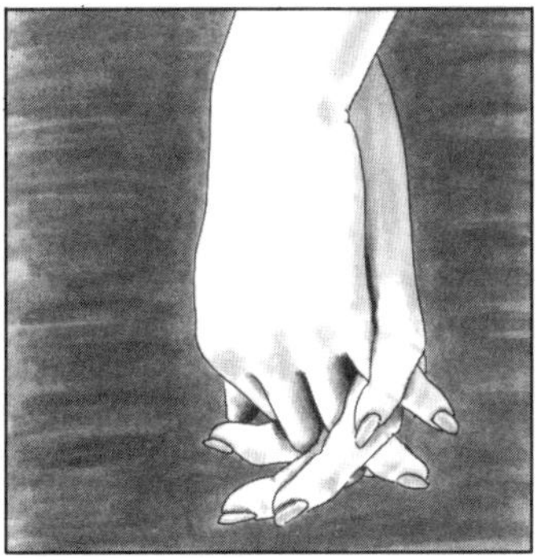

Suche nach Halt: Zwei Hände, die nach Sicherheit suchen, die hilflos wirken. Wer sich in solchen Fingerspielen verliert, wurde eindeutig gerade aus dem Konzept gebracht, hat den Halt verloren, scheint verbal ausgespielt worden zu sein.

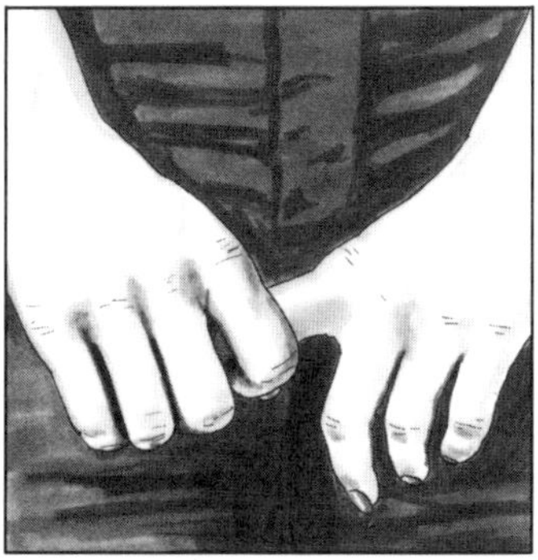

Nicht griffig: Die sich sanft reibenden Fingerkuppen zeigen die Angst vor einer Auseinandersetzung. Da mag einer nicht zupacken, es ist ihm ausgesprochen peinlich, eine Sache selbst in die Hand zu nehmen.

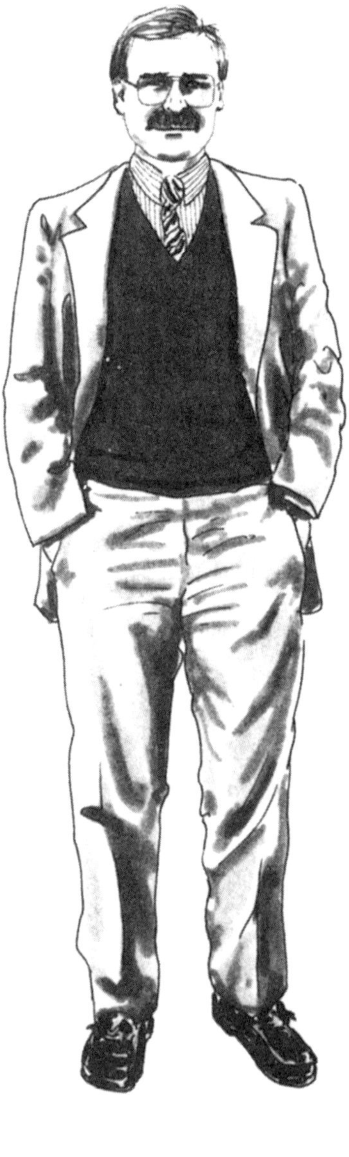

Unbeeindruckt und undurchschaubar: Die Hände stecken tief in den Hosentaschen, sind also aus dem Blickfeld genommen. Er zeigt weder eine besonders positive noch eine negative Reaktion, er will sich nicht in die Karten schauen lassen. Außerdem bieten ihm die Hände in den Taschen eine gute Barriere.

hen, hören – nein »sehen« – Sie die stumme Nachricht, die dahintersteckt.

Wenn Sie diese Fähigkeit aber nicht besitzen, dann sollten Sie die Sprache der Hände eben lernen. Das ist gar nicht so schwer; die Grammatik der Gesten, die eigentlich so etwas wie eine Choreographie ist, hat nämlich ihre festen Gesetze.

Wenn Worte und Gebärden nicht zusammenpassen, dann ist das nicht zu übersehen. Man spürt, hier stimmt etwas nicht. Das ist wie bei einem schlecht synchronisierten Film.

Aber Hände sind nicht nur vielsagend, mit unseren Händen be-greifen wir auch die Welt. Hände begrüßen, Hände liebkosen, Hände loben, sie streicheln und machen liebevolle Geständnisse, sie erregen und beruhigen, sie ballen sich vor Wut zur Faust, und wenn die ganze Welt zusammenzubrechen scheint, schlagen wir die Hände über dem Kopf zusammen. Hände haben aber nicht nur *»feeling«*, sie haben auch ihre Logik; für die Philosophen ARISTOTELES und KANT waren sie eine Art Außenfiliale unseres Gehirns.

Mit den Händen haben wir uns weiterentwickelt – wie immer wir diese Evolution auch beurteilen mögen. Mit Händen, die zu hochpräzisen Vielzweckwerkzeugen wurden, machte das Gehirn einen gewaltigen Entwicklungssprung. Wir haben das Leben »in die Hand« genommen, und tagtäglich versuchen wir, es »in den Griff« zu bekommen. Und wenn uns etwas bewegt, können wir die Finger einfach nicht ruhig halten. Wir drücken Daumen, führen den Zeigefinger in ganz eindeutiger Absicht an die Stirn, legen die Hand aufs Herz, legen Hand an, versuchen stets eine Hand im Spiel zu halten, und nur allzu gerne würden wir auch mal die Hände in den Schoß legen. Wir wissen es zu schätzen, wenn uns andere aus der Hand fressen, und empfinden es geradezu als traumhaft, könnten wir die schwierigen Aufgaben des Lebens quasi mit der linken Hand erledigen.

Schlagbereit: Wenn eine Handgeste in einer Faust mündet, kann das Gespräch eine durchschlagende Wirkung haben. Die geballte Faust ist eine versteckte Waffe. Da ist jemand verbal schlagbereit, weil wahrscheinlich tief getroffen. Er wird niemandem erlauben, ihm zu nahe zu rücken.

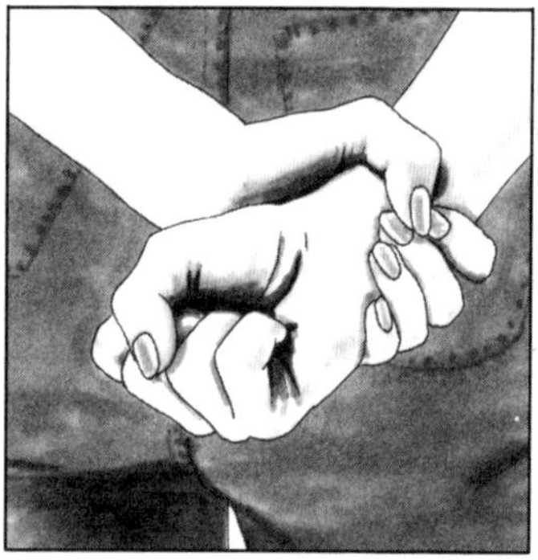

Die Magie der Handsymbolik läßt sich bis zu den Anfängen er bildlichen Darstellung zurückverfolgen. Die Inder gaben ihren Göttern so viele Hände wie möglich. Weltschöpfer Brahma und Welterhalter Vishnu sind jeweils mit vier Armen und der entsprechenden Anzahl von Händen ausgestattet, was schon rein rechnerisch ihren Handlungsspielraum verdoppelt. Auf römischen Münzen finden sich zwei ineinandergelegte Hände – Sinnbild der Harmonie und der Übereinstimmung zwischen den Menschen. In der Symbolik der Körpersprache müssen sie sich bestens ausgekannt haben, die alten Römer. Ihre Nachfahren zwischen Palermo und Pisa sind ja noch heute Weltmeister bildhaft-handfester Gestik. Die Ägypter begrüßten sich stets mit erhobenen Händen. Darin steckt eines der ehrlichsten Signale: die offene Handfläche.

Die offene Hand – die magnetische Kraft der Macht

Eide werden mit offener Handfläche geschworen. Die Amerikaner legen beim Abspielen ihrer Nationalhymne die rechte Handfläche aufs Herz. Die »Bitthand« – mit nach oben weisender offener Handfläche – zeigt, daß wir keinen »Deal« anbieten, sondern um einen Gefallen bitten. So demonstrieren wir, daß wir uns in der Hackordnung ein wenig tiefer einordnen. Bosse mit Gespür für Autorität reagieren sehr positiv darauf. Die Geste zeigt ihnen, daß der Gesprächspartner die bestehenden Verhältnisse anerkennt. Kurz und gut – die offene Hand stimmt sie freundlich. Ein Chef, der selbst die »Bitthand« einsetzt, büßt dagegen an Autorität ein. Mit der »falschen Hand« verliert er sein Gesicht.

Die offene Hand ist aber nicht nur ein Zeichen von Ehrlichkeit, sondern auch eine Geste der Kraft und der Macht. Heiler legen die Hand auf. JESUS heilte durch seine Hände und segnete durch Handauflegen. Diese Geste hat sich in der Kirche bis heute bewahrt.

Wir sollten uns bemühen, auf andere glaubwürdiger zu wirken, indem wir immer wieder Gesten mit offener Handfläche in unsere Kommunikation einbauen. Das hat, so ganz nebenbei, auch noch einen charakterbildenden Wert. Im gleichen Maße, in dem diese Gesten zur Gewohnheit werden, nimmt auch die Neigung ab, sich in kleine (und ausgewachsenere) Lügen zu flüchten. Das ist kein leeres Versprechen. Wissenschaftliche Untersuchungen haben dies bewiesen. Mit offenen Handflächen zu lügen, wäre nicht nur besonders unaufrichtig; man spürt ganz einfach, daß da etwas nicht stimmt, daß da einiges nicht zusammenläuft in der Koordination zwischen Wort und Gestik. Was nicht aufgeht, ist die Summe der vielen kleinen Gesten, die Ehrlichkeit ausmachen.

Kommunikation mit offenen Handflächen verbessert

Offenes Angebot: demonstrative Ehrlichkeit. »Bitte lassen Sie mich ganz offen reden . . .« – einer, der alle Karten offenlegt oder es zumindest vorgibt, der (über)deutlich zeigt, daß er nichts verbergen will.

das zwischenmenschliche Klima. Den Typen mit der »offenen Hand« wird leichter und schneller vertraut. Die suggestive Kraft, die in unseren Händen liegt, läßt sich aber auch bei Befehlen und Forderungen wirkungsvoll einsetzen. Im Gegensatz zur »Bitthand« zeigt die Handfläche bei der »Befehlshand« nach unten. Forderungen, die mit dieser Geste verbunden werden, müssen nicht einmal im Befehlston ausgesprochen werden. Wenn Sie

Abgeblockt und ausgesperrt: Er möchte keinen zu sich heranlassen und sieht auch keinen Anlaß zu mehr Offenheit. Das beweisen die nach innen gekehrten Handflächen.

Um es ganz offen zu sagen: nicht mit mir! Ein durchaus offenes Gespräch, wenn auch mit einer gewissen Distanz. Der Mann mit Schnurrbart und im Pullover streckt seine Linke vor, zeigt die offene Handfläche und signalisiert damit Ehrlichkeit. Ein Angebot, das bei dem Mann mit der Brille aber nicht so recht ankommt. Der ist mit seinem Gesprächspartner zwar auch verhältnismäßig offen, aber die hochgehaltene Rechte setzt ein blockierendes Stoppzeichen.

Zwei Lügen – und zwar fingerdick: Wenn Kinder flunkern, schlagen sie die Hand vor den Mund. Erwachsene halten diese Geste unbewußt zurück, können die Hand aber doch nicht ganz bremsen. So fährt als stellvertretender Lügendetektor nur ein Finger zum Mund.

jemand – im Gesellschaftsleben – auf diese Art und Weise um einen Gefallen bittet, sollten Sie es als Auftrag interpretieren und besser nicht ablehnen.

Wer die unterdrückende Handgeste, die Hand des Herrschens allerdings bei seinem Boß einsetzt, wird wenig Glück haben. In der Hackordnung von unten nach oben wird diese Geste zu einem Angriff, einer Anmaßung, einer Frechheit. Und die Hand wird zum Bumerang. Keiner weiß so recht warum, aber der Bursche ist einfach anmaßend, irgend etwas an ihm wirkt herausfordernd.

Hände sind Detektoren

Bei Kindern passiert es ganz spontan. Wenn sie lügen, geht sofort die Hand zum Mund. So, als wollten sie die

Nicht zu gewinnen: Bei ihm dominiert eindeutig der negative Eindruck des Vortrags oder Auftritts. Der Daumen, der unter dem Kinn liegt, zeigt die wahren Gefühle: Kritik. Außerdem ist dieser Herr hinter dem Schreibtisch gelangweilt – er stützt nämlich den Kopf in die Hand.

Stocksteif: Die Hände liegen verkrampft auf dem Schoß. Sie wagt nicht auszubrechen, braucht Leitlinien, an denen sie sich orientieren kann, und sucht in allen Situationen des Lebens die Sicherheit.

Lüge zurückhalten. Später schleift sich so einiges ab, unsere Gesten werden weniger präzise. Trotzdem, bei kleinerem und größerem »Schwindel« können wir es uns einfach nicht abgewöhnen, mit der Hand ins Gesicht zu fahren. Diese Gesten sind oft gar nicht so leicht zu erkennen; meist sieht es so aus, als würden wir mit Daumen und Zeigefinger wie mit einer Zange die Nasenlöcher kurz zusammendrücken. Dabei bedecken wir den Mund. HUMPHREY BOGART bediente sich dieser Geste immer

Nicht uninteressiert – aber . . .: Da wird ein Gedanke abgewägt. Allerdings möchte dieser Herr sich selbst ein Urteil bilden, das zeigen die nach unten geschlagenen Augenlider. Er will eine Zeitlang nicht gestört werden, möchte mit seinen Gedanken für einen Moment allein bleiben. Der Kopf »schwebt« frei, wird nicht abgestützt.

dann, wenn er sich in seiner Paraderolle als Privatdetektiv PHILIP MARLOWE sozusagen als *»agent provocateur«* in Gangsternester einschlich und dort den Ganoven markierte. Die Handgeste richtete sich – wie beim Kasperltheater – ans Publikum.

Doch schauen Sie bitte genau hin: Bedeckt jemand den Mund, während Sie reden, dann kann dies durchaus bedeuten, daß er Ihnen einiges nicht abnimmt. In solchen Fällen ist es ratsam, mit einer Zwischenfrage zu kontern: »Wünscht jemand etwas zu meinen Ausführungen zu sagen?« Oder weniger förmlich: »Da sind wohl noch ein paar offene Fragen . . .?!« Mit dieser Vorwärtsstrategie werden jedenfalls versteckte Einwände ans Licht gebracht.

Wissenschaftler wie der Körpersprachespezialist DESMOND MORRIS behaupten übrigens, daß Lügen kitzeln. Ja, ganz im Ernst: sie sollen ein Kribbeln bestimmter Nervenenden im Gesicht auslösen. Und wenn die Nase juckt, läßt sich die Hand eben nicht mehr fesseln, sondern langt automatisch ins Gesicht, um zu kratzen.

Manchmal ändern wir diese Geste ein wenig ab und reiben das Auge, als ob uns ein Sandkorn hineingeflogen wäre. Interpretation: »Ich weiß es ja, es ist eine faustdikke Lüge, hoffentlich geht das nicht ins Auge.« Übrigens: Während Männer ausgesprochen kräftig herumreiben, benutzen Frauen weniger aufwendige Gesten.

Dann wäre da das »Ohrreiben«: »Am liebsten möchte ich mir die Ohren zustopfen.« Es ist die Abwandlung der Geste kleiner Kinder, die sich die Ohren zuhalten, um eine Strafpredigt nicht hören zu müssen. Und wer die hohle Hand über die Ohrmuschel legt, deutet damit an, daß er wirklich genug gehört hat.

Zweifel und Unsicherheit beherrschen das Gefühlsleben, wenn wir mit dem Zeigefinger hinter dem Ohr kratzen. Merkwürdigerweise wird fast immer fünfmal gekratzt.

Lockern wir den Kragen mit dem Zeigefinger, dann versuchen wir uns von einem Druck zu befreien. Etwas heftiger zerren wir am Kragen, um Ärger zu verdrängen oder um bildlich Dampf abzulassen, so, als ob diese Gefühlswallungen für einen kleinen Schweißausbruch sorgten.

Der Finger am Mund ersetzt dem Nichtraucher die Zigarette: ein zufriedener Sauger, der sich in das Gefühl kindlicher Sicherheit hineinsuckelt.

Trommelspiele mit den Fingern werden oft als Langeweile mißdeutet, tatsächlich aber sind sie ein Zeichen der Ungeduld. Dem ungeduldigen Trommler kribbelt es in den Fingern, er kann sie nicht länger stillhalten. Trommler signalisieren Rednern, daß es Zeit ist aufzuhören. Sollten Sie mit einem solchen Trommelsolo gemeint sein, ändern Sie am besten Ihre Taktik. Streuen Sie eine Anekdote ein, lassen Sie Fragen stellen, beziehen Sie die ungeduldigen Trommler stärker mit ins Gespräch ein.

Um prüfende Abschätzung geht es, wenn die Finger am Kopf anliegen. Allerdings dürfen Sie ihn nicht abstützen. Das signalisiert nämlich eindeutig Langeweile und Desinteresse. Liegt die Hand an der Wange, dann herrscht echtes Interesse; zeigt der Zeigefinger aufwärts zur Schläfe, kommt kritische Distanz hinzu.

Kinnstreichler machen deutlich, daß sie eine Situation abschätzen, und massieren deshalb wie prüfend das Kinn. Diese Geste zeigt Ihnen, daß es um eine Entscheidung geht. Wenn der Kinnstreichler mit seiner Massage fertig ist, dürfen Sie sicher sein, daß er einen Entschluß gefällt hat. Und an der Körpersprache, die nun folgt, werden Sie erkennen, ob diese Entscheidung für Sie positiv oder negativ ist.

Verschränkt er die Arme über der Brust und kreuzt auch noch die Beine, wobei er sich zurücklehnt, dann lautet sein Fazit: »Nein, so nicht!« Am besten fragen Sie ihn gar nicht erst nach den Gründen seiner ablehnenden Haltung; das würde ihn nur in seinem Entschluß bestärken. Rollen Sie die Geschichte noch einmal auf, bringen Sie zusätzliche Argumente ins Spiel. Rückt er nach einiger Zeit auf seinem Stuhl nach vorn, dann sieht er die Sachlage schon in günstigerem Licht.

Nackenreiben – das ist ein Gedanke, der »schmerzt«. Schlägt man sich mit der Hand an die Stirn, dann sind das ein paar Hiebe für die kleinen grauen Zellen, die mal wieder nicht zuverlässig gearbeitet haben und denen die Schuld für irgendeine Vergeßlichkeit zugeschoben wird: »Wie konnte ich nur . . .«

Eine herausragende Rolle bei all diesen Handgesten übernimmt der Daumen. Er steht (was wörtlich zu nehmen ist) für die Stärke der Persönlichkeit, den Charakter, zeigt die Überlegenheit und Selbstsicherheit. Und er zeigt auch, wie wir selbst über uns denken. Wer gerade mit dem eigenen Selbstbewußtsein voll abgehoben hat, der reckt den Daumen. Spreizt er sich gar ab, dann hat sich dieses Gefühl bis zur Überheblichkeit gesteigert. Egal, wo sich dieser Daumen breitmacht, ob außerhalb der Hosen- oder Gesäßtasche oder am Jackenrevers – den Leuten mit dem bärenstarken Selbstbewußtsein schwillt nicht nur der Kamm, ihnen spreizt sich auch stets der Daumen.

Darüber hinaus ist der gespreizte Daumen auch ein Zeichen der Aggression. Vielleicht haben Sie auch GARY COOPER in »High Noon« gesehen. Der einsame Sheriff auf dem Weg zum Duell mit dem Revolverhelden. Die schußbereite Rechte schwebt – mit deutlich abgespreiztem Daumen – über dem Colt. Diese Daumenhaltung über dem Schießwerkzeug ist stets eine Ankündigung schneller Schüsse. Das ist doppeldeutig zu verstehen, denn sexuelle Aggression steckt auch noch in dieser Geste. Die Machohaltung zeigt sich am vorgeschobenen Becken. Einstmals war der gespreizte Daumen (Rest der Hand in einer Hosentasche oder im Hosenbund) eine ausschließlich männliche Geste. Aber seitdem die Frauen modisch in die Hosen gestiegen sind, zeigen sie sich ebenfalls mit eingehaktem Daumen: der Kampf der Geschlechter zeichnet sich also auch in der Körpersprache ab!

Wer sich zurücklehnt und die Hände selbstherrlich hinter dem Kopf faltet, hat, so scheint es zumindest, für alle Probleme eine Lösung. Rechtsanwälte im Gespräch mit ihren Klienten – und deshalb schon von Berufs wegen belehrend – signalisieren damit, daß sie alles unter Kontrolle haben. Wer diese selbstherrliche Geste auflösen will, muß dem Alleskönner schon etwas in die Hand drücken, am besten ein kompliziertes Schreiben. Blickt er nämlich nicht gleich durch, ist er schon sehr viel bescheidener.

Eine andere Möglichkeit: Sie kopieren diese Geste. Dann sitzen sich auf einmal zwei Sonnenkönige gegenüber – was den anderen ziemlich ärgern wird, wenn er mit seiner Geste unausgesprochenen Tadel verbunden hat. Denn so spricht gern der Boß mit dem zweiten Mann, und

Verbaler Dolchstoß: Attacke, vorpreschen, zuschlagen, mit Argumenten, die auf den Punkt kommen, in denen aber auch reichlich Aggressivität steckt. Der vorschnellende Zeigefinger ist ein Dolch, der den Kontrahenten verbal durchbohren soll. Die Handfläche ist geschlossen, er will sich nämlich auch keine Blöße geben.

wenn dieser die Geste kopiert, dann riecht das verdächtig nach Palastrevolution.

Der ausgestreckte Zeigefinger: die Peitsche

Er ist zwar nur ein nach vorn weisender Zeigefinger, aber wenn er sich auf jemanden richtet, dann hat er die Durchschlagskraft einer Peitsche. Eine Peitsche, mit der ein Sprecher auf seinen Gesprächspartner einprügelt.

Vielleicht erinnern Sie sich an jenen Sonntag im Mai 1985, als bei der »Bonner Runde« nach der Nordrhein-Westfalen-Wahl Bundeskanzler HELMUT KOHL und der SPD-Vorsitzende WILLY BRANDT mächtig aneinandergerieten. Willy Brandt schlug nicht nur mit Worten zurück (es ging um den Vorwurf des Antiamerikanismus), sondern er stieß auch immer wieder den Zeigefinger seiner rechten Hand vor, peitschte Helmut Kohl auch nonverbal in die Defensive.

Und der Überdruß am Verlauf dieses Streits war ebenfalls unübersehbar: Brandt klappte seine Brille (die vor ihm auf dem Tisch lag) zusammen und stopfte sie hastig in die Jackentasche, was nichts anderes bedeutete als: »Mir reicht's, Schluß mit der Diskussion, ich will nicht mehr.«

Kanzler Kohls Defensivhaltung bei dieser Episode vor den Fernsehkameras zeigte sich ebenfalls an seinen Händen. Die blieben verschränkt – signalisierten Beherrschung und Verteidigung, bauten eine Barriere.

Was den ausgestreckten Zeigefinger angeht: Das ist eine Geste, die auf andere grundsätzlich aggressiv und irritierend wirkt. Notorische Einpeitscher mit dem Zeigefinger sollten den anderen mal häufiger die Handflächen zeigen. Das stimmt das jeweilige Gegenüber nicht nur freundlicher, sondern verleiht auch mehr Überzeugungskraft.

Händeschütteln: Friedensvertrag und Kampfansage

Schon die Höhlenmenschen reichten sich zum Gruß die Hände, und auch heutzutage ist es keineswegs nur »typisch deutsch«, den anderen »auf handgreifliche Weise« guten Tag zu sagen. Hände werden weltweit geschüttelt, und selbst die Eskimos tun es mit und ohne Handschuh; der Nasenreiber ist bei ihnen nur eine körperliche Zugabe. Wovon sich unsere Ahnen in den Höhlen mit dem Händedruck überzeugen wollten, das waren die friedlichen Absichten der Gäste. Es konnte ja schließlich sein, daß zur Diskussion am Höhlenfeuer auch noch ein Faustkeil als Argumentationshilfe mit eingeschmuggelt wurde.

Wir sind dabei geblieben, haben uns die uralte Sitte bis heute nicht abgewöhnen können, haben sie aber variiert und verfeinert. Und wir tauschen – meist ohne es zu ahnen – mit einem einzigen Händedruck eine Fülle von Informationen über Rang, Stellung und Absichten aus.

Der Händedruck stellt in Sekunden eine Rangordnung her und drückt damit einer Begegnung schon vorab den Stempel auf. Die Rollen sind verteilt, der Händedruck hat festgelegt, wer das Sagen hat.

Die zugreifende Hand zeigt, ob wir jemanden kontrollieren, ihn in der Hand behalten wollen, ob wir uns vielleicht unterordnen oder ob wir einen anderen Menschen als gleichberechtigten Partner akzeptieren. Eine herausragende Aufgabe kommt den Handflächen bei der Begrüßung zu. Dreht sich die Handfläche, die Sie ergreifen, wie selbstverständlich über die Ihre, dann hat eine dominante Persönlichkeit ganz entschlossen zugepackt. Wenn Sie ihr den »Dreh« erlauben, haben Sie akzeptiert, daß tatsächlich in Sekunden die Rollen verteilt wurden. Sie haben nicht nur Ihre Hand »schultern« lassen, sondern sind auch noch aufs Kreuz gelegt worden, und zwar »im Handumdrehen«.

Gleichberechtigte Partner drücken ihre Hände so, daß sich die Handflächen quasi in der Vertikalen berühren: Partner zu gleichen Bedingungen, mit gleichen Rechten. Dieser erste Druck ist für den weiteren Verlauf einer Begegnung ganz entscheidend, deshalb sollten Sie Ihre Hand nicht gleich durch einen zugreifenden Schüttler in die Demutsposition drehen lassen. Diese aggressive Form der Begrüßung gibt Ihnen nämlich nur wenig Chancen, im Gespräch eine gleichberechtigte Position aufzubauen.

Experten in der Taktik der Körpersprache empfehlen druckschwachen Managern eine Reihe von Gegengriffen, etwa einen *»Sidestep«* wie beim Boxen: ein Schritt vor und einer nach rechts, und schon muß der andere seine Drehtechnik lösen; die Hände geraten ganz automatisch wieder in die Vertikale.

Eine weitere Technik gegen gönnerhafte Griffe: Lassen Sie die ausgestreckte Hand mit der Imperatorhaltung leerlaufen. Fischen Sie sich zerstreut das Handgelenk. Das demütigt. Auf Anmaßung haben Sie mit einer arroganten Geste gekontert. Sie haben die Grenzen abgesteckt und gezeigt, daß Sie nicht so leicht in den Griff zu bekommen sind. Doch bitte Vorsicht! Dieser fingerspitzige Griff zum Handgelenk ist auch eine ganz massive Kampfansage.

Ein weiterer trickreicher *Konter* ist der »Beidhänder«. Sie nehmen die vorgereckte Hand einfach in Ihre beiden Hände. Das wirkt ungeheuer herzlich. Daß dies aber längst nicht immer so gemeint ist, beweist schon die Tatsache, daß dieser Gruß unter Politikern sehr beliebt ist. Da soll der Doppelgriff dafür sorgen, daß »herzliches Übereinkommen« per Bildschirm »rüberkommt«. Dabei ist der »Beidhänder« sehr gönnerhaft – ein Gruß von oben nach unten. Aber was für Kontertaktiker viel wichtiger ist: Er erlaubt durch die doppelte Umklammerung, eine beherrschend vorgestreckte Hand ohne viel Aufhebens herumzudrehen.

Vielleicht ein wenig »snobby« ist der Fingerspitzengruß. Auch wenn Sie es jemandem wirklich heimzahlen wollen, sollten Sie bedenken: Dieser Gruß, der schmerzt in der Seele, der fühlt sich nämlich nach »igitt« an.

Der »Armzieher« ist vor allem etwas für Athleten. Sie brauchen schon einen gut durchtrainierten Bizeps, um die vorgestreckte Grußhand zu sich in Ihre persönliche Zone zu ziehen. Als »Gegenzug« auf eine beherrschende Hand funktioniert dies zwar hervorragend, läßt aber andererseits auch tief blicken. Und was dabei an verborgenen Motiven sichtbar wird, ist Ihnen vielleicht gar nicht so angenehm. Entweder steckt Unsicherheit hinter einer solchen athletischen Leistung, oder der »Zieher« gehört zu den Menschen, die sich nur in ihrer persönlichen Zone sicher fühlen.

Dem »Beidhänder« verwandt, bei dem die Linke, die ja »von Herzen kommt«, eine Extraportion an Gefühl spendet, ist der Schultergriff. Sie packen, wie in einer

Der Beidhänder: der Typ, der gleich mit zwei Händen zugreift. Dieser Doppelgriff soll eine doppelte Portion an Herzlichkeit vermitteln. Politiker versuchen mit dieser Taktik, ihre ehrbaren Absichten und die besondere Herzlichkeit der Begegnung telegen »rüberkommen« zu lassen. Tatsächlich ist der Beidhänder ausgesprochen besitzergreifend und meist, auch wenn die Linke vom Herzen kommt, eine taktlose Frechheit.

Anziehend: Der Mann links zieht den anderen beim Gruß zu sich heran. So grüßen ängstliche Naturen, die sich nur in der persönlichen Zone sicher fühlen. Der andere grüßt halbherzig zurück, geht nicht auf die gesuchte Nähe ein, was schon die Tatsache zeigt, daß er seinen Körper abgewendet hat. Er behandelt den anderen als »Nichtperson«.

Herablassend freundlich: ziemlich unsympathischer Gruß. Er soll zwar Herzlichkeit vortäuschen, hält aber eindeutig auf Distanz und rückt mit dem Griff an die Schulter per Hautkontakt in die persönliche Zone vor. So wird »von oben nach unten« gegrüßt: »Alles gut und schön, meine Liebe, wir kommen bestens miteinander aus, aber nur zu meinen Bedingungen . . .«

überwältigenden Gefühlsaufwallung, die Schulter des anderen. Aber was ausgesprochen herzlich wirkt, weist den anderen nur in die Schranken, weil es ihn ganz deutlich auf Abstand hält. Auch dieser Gruß ist ein wenig heikel, weil so nämlich nur der Große dem Kleinen gegenübertritt: Ein Gruß also von oben nach unten. Wenn Sie bei ihrem Boß auf diese gönnerhafte Weise zugreifen, könnte es sein, daß dessen Blutdruck ganz schön in die Höhe schießt.

Fingerspiele

Sie kennen das, da reiben die Handflächen aneinander. Das Gesicht verzieht sich zu einem zufriedenen Grinsen. Übersetzung: »Das wird ein Hit« – also Vorfreude, Erwartung. So reibt der Würfler die Würfel zwischen den Handflächen, wenn er sie beschwören will, wenn er meint, sich ganz sicher zu sein, weil es doch einmal klappen muß. So reibt – ob mit oder ohne Würfel – wer ganz fest an den großen Coup glaubt. Aber bitte achten Sie auch auf die Geschwindigkeit. Darin drückt sich nämlich die Erwartung sehr präzise aus. Wer ganz langsam reibt, gibt zu verstehen: »Ich will hier nicht den Mund zu voll nehmen, aber das wird diesmal bestimmt nicht schlecht.« Rasantes Reiben: »Das wird ein Superding, ihr werdet schon sehen!«

Wenn beide Handflächen gegeneinander drücken, sieht das nach einem bärenstarken Selbstbewußtsein aus – auf den ersten Blick. Und die meisten, die hier so kräftig drücken, lächeln auch ganz zuversichtlich. Aber drinnen,

Besserwisser: Wenn er den Mund aufmacht, dann wird es mit Sicherheit geschehen, um ein paar Anweisungen zu geben. Hier ist einer, der fest davon überzeugt ist, daß er gerade eine große Konzeption entwikkelt hat, der die anderen einfach zustimmen müssen. Das kunstvolle Fingergebilde ist in der Körpersprache ein Symbol für überlegene (und manchmal auch komplizierte) Gedankengänge.

da nagt der Zweifel. Denn wer drückt, der zeigt, daß ihn tatsächlich etwas be-drückt. Und wenn die Finger weiß werden, heißt das: Ich stehe mächtig unter Druck. Mit dem ganzen Kraftaufwand wird hier eine Enttäuschung weggedrückt, werden trübe Gedanken unter-drückt.

Aber bitte achten Sie auch darauf, wie hoch beim »Drücken« die Hände gehalten werden; denn das liefert Ihnen eine wichtige Zusatzinformation. Je tiefer der »Druckpunkt« liegt, um so leichter sind die Enttäuschten anzusprechen und zu trösten.

Wenn Hände Hindernisse und Gitter bauen, dann haben Sie es fast immer mit einem Besserwisser zu tun, einem, der felsenfest davon überzeugt ist, daß nur er in dieser Situation wirklich weiß, wo es langgeht. Deshalb ist dies auch eine typische Oberlehrergeste. Auch Manager mit detaillierten Insiderkenntnissen verlieren sich gern in solchen Fingerspielereien. Da wäre zum Beispiel das »Dach«. Dächer sind ganz oben, was in diesem Fall weit mehr ist als eine architektonische Grundregel. Denn genau dort – an der Spitze nämlich – sehen sich all jene, die solche Fingerdächer bauen.

Wenn die Finger Ihres Gesprächpartners nach unten weisen, so ist dies für Sie so vernichtend wie Kaiser NEROS erdwärts weisender Daumen. Sie sind »durchgefallen«, abgelehnt. Die Finger-Spitze, die eine Spitze aus Fingern ist, steht für zugespitzte Arroganz.

Der Griff nach dem Arm hinter dem Rücken zeigt, daß einer so sicher und selbstbewußt ist, daß er auf jede Schutzgeste, jede Barriere verzichten kann. Königliche Hoheiten beim Abschreiten huldigender Menschenmengen werden häufig so abgelichtet. Prinz PHILIP demonstriert auf diese Weise gern seine königliche Gelassenheit, und auch der majestätisch agierende französische Premier François Mitterand läßt so per Körpersprache von seiner inneren Stärke wissen.

Eine deutliche Spitze: Die Zeigefinger bilden einen Pfeil. Das signalisiert Selbstsicherheit bis hin zur Überheblichkeit. Wer diese Geste bevorzugt, gibt gern Anweisungen. Rechtsanwälte, die es ja grundsätzlich besser wissen, zeigen die Spitze besonders gern.

Häufig ist diese Geste übrigens auch bei unbewaffneten Polizisten zu sehen. Steckt allerdings eine Feuerwaffe im Gürtel, verändert sich automatisch die Gestik. Die Hand legt sich herausfordernd auf die Hüfte wie bei Wyatt Earp und Doc Holliday vor dem großen Kugelhagel am O. K. Corral.

Domina: Die Hände in die Hüften gestützt, so standen sich die Revolverhelden im Saloon gegenüber. Als die Frauen modisch in die Hosen stiegen, übernahmen sie diese typisch männliche Geste. Eine Herausforderung in mehrfacher Hinsicht, auch sexuell, was das vorgestreckte Becken beweist.

KAPITEL 5

Barrieren und Schranken aus Armen und Beinen

Ob ihm denn der neue Job eigentlich Spaß mache? Der junge Mann auf dem Assistentensessel verdrehte die Beine, legte die Knöchel übereinander, verzog das Gesicht zu einem Grinsen und antwortete tapfer: »Ja, ungeheuer, mich reizt diese Aufgabe, es ist eine Herausforderung . . .« Natürlich konnte davon keine Rede sein. Spaß machte der Job ihm überhaupt nicht. Wer die Sprache des Körpers einigermaßen versteht, hätte es auf den ersten Blick gesehen. Die übereinandergelegten Knöchel verrieten das Unbehagen; eine Verteidigungsstellung, die einiges von unseren Ängsten offenbart. Hinter solchen Barrieren aus Armen und Beinen fühlen wir uns sicherer. Wir tun nichts anderes als die kleinen Kinder, die sich hinter Tischen, Stühlen und Schränken verstecken oder an Mutters Rockzipfel hängen.

Immer dann, wenn wir Schutz suchen, verschränken wir die Arme wie Fußballspieler auf einem Mannschaftsfoto. Das ist unsere erste Trotz- und Defensivgeste. In den Teenagerjahren kommt dann das Verschränken der Beine hinzu.

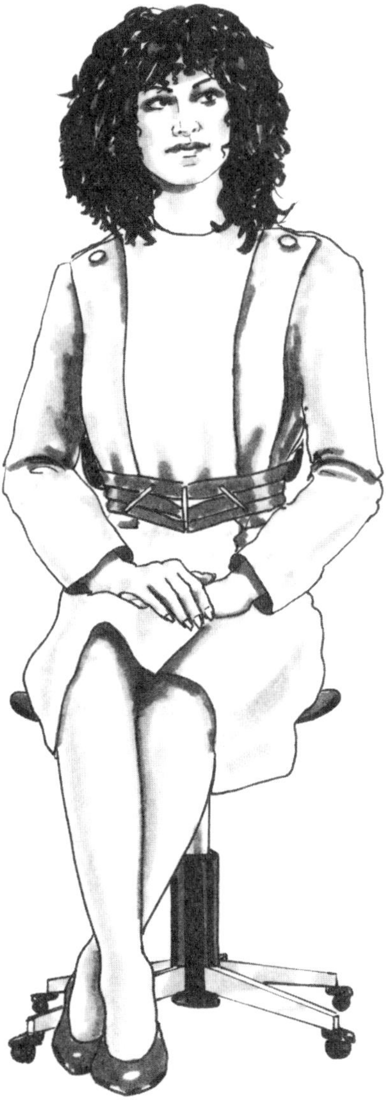

Die Gefesselte: Überkreuzte Knöchel beim Sitzen signalisieren das Gefühl, gefesselt, unbeweglich, angebunden zu sein. Bei Frauen sind dabei auch die Knie zusammengedrückt, bei Männern klaffen sie auseinander. Jedenfalls handelt es sich hier um den Ausdruck einer diffusen oder negativen Haltung. Diese Frau traut sich nichts zu, sie möchte nichts riskieren, wird sich auf ihrem Stuhl kaum rühren.

Beide Gesten stammen aus den Urzeiten der Menschheit. Die Armbarriere sollte ursprünglich das Herz schützen, die Beinschranke den Genitalbereich. Glücklicherweise geht es heutzutage in den sogenannten bedrohlichen Situationen weniger ums blanke Überleben. Aber die Persönlichkeit ist hin und wieder doch schon in Gefahr. Und dann flüchten wir uns in diese »Urgesten«.

Im Fahrstuhl zum Beispiel, wo wir Fremde auch noch in ungemütlicher Enge ertragen müssen, vor allem aber, wenn wir mit Worten, also verbal, attackiert werden, zeigen gekreuzte Arme und Beine, daß wir bereit sind, uns zu verteidigen.

Bemerken Sie bei einem Gruppengespräch diese Haltung gleich bei mehreren Teilnehmern, dann lassen Sie bitte Vorsicht walten! Sie haben einige gegen sich. Am besten fordern Sie die Gruppe auf, Fragen zu stellen. Solange die Arme allerdings nicht wieder heruntersinken, herrscht auch eine negative Stimmung vor.

Haben Sie es mit einem einzelnen Gesprächspartner zu tun, dann drücken Sie ihm einfach etwas in die Hand, eine Akte zum Beispiel. Bitten Sie um Stellungnahme. Damit drängen Sie den Defensivling in eine offenere Position. Er muß sich erklären, und Offenheit besiegt feindliche Gefühle.

Eine andere Möglichkeit: Sie lehnen sich vor, öffnen – um ihre ehrlichen Absichten zu unterstreichen – die Hände und sagen wissend: »Wie ich sehe, haben Sie eine Frage.« Oder wenn Sie sich weniger allwissend geben wollen: »Nun, wie denken Sie darüber?« Dann sollten Sie sich zurücklehnen und in suggestives Schweigen verfallen, das unglaublich herausfordernd wirkt. Nur wenige können diese Stille ertragen, die meisten fühlen sich ge-

Schwer zu gewinnen: Die Arme sind verschränkt, was immer dann geschieht, wenn wir ein Gefühl der Kälte und des Unwohlseins verspüren; wir erwärmen uns sozusagen selbst. Hier wird dieses »Selbsterwärmen« zu einer Armbarriere. Wenn diese Geste in einem Gespräch auftaucht, dürfen Sie sicher sein, daß Ihr Gesprächspartner etwas gehört hat, was ihm nicht paßt. Wenn Sie bei ihm etwas erreichen wollen, sollten Sie schleunigst herausfinden, was das ist, und sofort Ihre Taktik ändern. Ansonsten laufen Sie voll auf seine Barriere.

drängt, nun zu reden. Damit kommt wieder einiges in Bewegung, und Sie haben erneut eine offene Partie. Sie sollten das aber noch mit Worten unterstreichen: »Ich schätze Ihre offene Art – wir sollten wirklich alle Karten auf den Tisch legen.« Damit entlocken Sie ihm dann noch den letzten versteckten Einwand.

Chefs lernen übrigens ganz bewußt die Geste der verschränkten Arme zu vermeiden (Indianer-Häuptlinge einmal ausgenommen – denken Sie zum Beispiel an Fotos von SITTING BULL!). Warum, das ist klar. Sie möchten niemals den Eindruck entstehen lassen, eine Defensivposition einzunehmen. Wer die Macht besitzt, ist immer der »Angreifer«.

Irgendwann haben Sie folgende Situation sicher auch schon erlebt. Die aufstrebende Nachwuchskraft und der Boß sitzen beieinander. Nach dem Händeschütteln wird der ambitionierte junge Mann wahrscheinlich die Arme verschränken, auch wenn das Gespräch halbwegs privaten Charakter hat. Typisch ist bei ihm wie bei allen »zweiten Männern« der nach oben gerichtete Daumen: ein Zeichen, daß der Platzhirsch einen angriffslustigen Konkurrenten bekommen hat. Endet seine Armbarriere allerdings in einer Faust, dann ist das so eine Art Dolch im Gewande. Hier ist ein Gegner, der zu allem entschlossen ist, wenn sich nur die Möglichkeit für einen Dolchstoß ergibt.

Armbarrieren sind ganz spontane Zeichen. Wer sie versteht, hat die Antwort auf eine Frage, die der andere gar nicht beantworten wollte.

Oft spüren wir selbst, daß die Armbarriere zu eindeutig ist und zuviel über unsere feindseligen Gefühle verrät. Deshalb bemühen wir uns auch, diese Geste abzuwan-

Angeschlagenes Selbstbewußtsein: Vielleicht zittern die Knie, vielleicht ist der Mund staubtrocken – der Mann steht jedenfalls im Mittelpunkt, und es bereitet ihm kein Vergnügen. So steht ein Angeklagter vor seinem Richter, so steht aber auch einer da, der ausgezeichnet werden soll. Jedenfalls braucht er Deckung. Die Aktenmappe wird als Barriere benutzt. Die Jacke ist geschlossen, was zeigt, daß auch die Grundstimmung sehr zugeknöpft ist. Er hat sich selbst ein wenig an die Hand genommen. Dies ist das Bemühen um das schöne sichere Gefühl, das wir als Kind an der Hand der Mutter erlebten.

deln. Da hängt dann ein Arm locker am Körper herunter, während der andere eine Teilbarriere bildet, oder die Hände falten sich vor dem Unterkörper. Das sieht zwar entspannt aus, ist es aber nicht. Mit all diesen Abschwächungen versuchen wir, uns selbst ein wenig bei der Hand zu nehmen. Und das beruhigt. Hervorragende Möglichkeiten, Armbarrieren zu tarnen, bietet das Herumnesteln an Manschettenknöpfen, Armbändern und Uhren. Handtaschen (auch jene für den Mann) erlauben ebenfalls eine unauffällige Barriere. Und bei der Stehparty, die uns mit so vielen Fremden in Kontakt bringt, halten wir das Glas vor den Bauch, weil es uns so am bequemsten erscheint. In Wirklichkeit verschanzen wir uns dahinter.

Wie das Beispiel am Kapitelanfang zeigt, sprechen auch unsere Beine und Füße eine deutliche Sprache, blockieren, bilden Barrieren. Da kommen dann auch mal feindliche Haltungen zustande, zum Beispiel wenn der Knöchel des rechten Fußes auf dem linken Oberschenkel liegt und die Fußspitze nach vorn weist. Da setzt einer zum Schlag an. Kontern Sie! Nehmen Sie ihm den Wind aus den Segeln. Als Kenner der Körpersprache besitzen Sie ja den entscheidenden Vorsprung. »Ich habe das Gefühl, daß Sie etwas sagen wollen.« Das Gefühl hat er auch, aber daß Sie es wissen, das ist für ihn fast schon schwarze Magie. Doch jetzt muß er reden, muß Dampf ablassen, und damit auch die feindlichen Gefühle. Einem geplanten Angriff wäre damit schon die Schärfe genommen.

Beim Stehen mit gekreuzten Beinen sind meist auch die Arme verschränkt. Wer so steht, hält zu den anderen fast immer einen größeren räumlichen Abstand; Jacken

Konterstimmung: Noch schweigt er, aber er wird ins Gespräch eingreifen, und wie! Er mißbilligt so gut wie alles, was gerade gesagt wurde. »Knöchel über Knie« zeigt diese angriffsbereite Stimmung an. Aus der Defensive heraus will er das Feld der Diskussionsteilnehmer aufrollen.

oder Mäntel sind zugeknöpft. Die Redensart »Er gibt sich sehr zugeknöpft« muß von einem Kenner der Körpersprache kreiert worden sein. Wenn eine Gruppe so ein reserviertes Bild abgibt, dürfen Sie einigermaßen sicher sein, daß sich die Herrschaften untereinander nicht kennen.

Vielleicht passiert es Ihnen einmal, daß mehrere Leute einer Stehgruppe die Arme verschränken und die Beine kreuzen, während Sie sich hinzustellen. Offenbar sind Sie bei ihnen nicht sehr beliebt. Da braut sich was gegen Sie zusammen.

In den Gesichtern passiert selbstverständlich auch so einiges. Die mit den gekreuzten Beinen und verschränkten Armen beißen sich häufig auf die Unterlippe. Hier wird mit aller Anstrengung die Fassade gewahrt. So verbissen sitzt der Angeklagte in einem Gerichtsverfahren, versucht, sein aufgewühltes Innenleben zu kontrollieren.

Wie können Sie die Defensive brechen? Heben Sie die Blockade auf! Bringen Sie mehr Lockerheit ins Gespräch. Bewegung löst die starren Fronten. Wie das geht? Einfach mal ein paar Schritte gehen; nicht auf der Stelle treten! Oder, wenn die Gruppe sitzt, erheben Sie sich ruhig einmal von Ihrem Platz. Dann wirken Sie auch geistig flexibler. Vielleicht gelingt es Ihnen so, Ihren verstockten Gesprächspartner vom Fleck wegzulokken. Dadurch öffnet sich ganz automatisch das Beinschloß, was nicht ohne Auswirkung auf seine seelische Verfassung bleibt. Also: Immer dann, wenn Ihr Gesprächspartner die Beine kreuzt, sollten Sie die Beinbarriere knacken.

Wenn Sie diese Beinhaltung bei sich selbst beobachten, neigen Sie wohl eher zu negativen Denkmustern. Üben

Aufgedreht: Die Beine stehen unter Spannung wie eine Sprungfeder. Dieser Vergleich zeigt schon, was diese junge Frau empfindet: Sie ist »auf dem Sprung«. In einer Gruppe ist sie mit Sicherheit neu. Die »aufgedrehte« Haltung läßt widersprüchliche Gefühle erkennen: Einerseits demonstriert die »Beinbarriere« defensive Schutzhaltung, andererseits spiegelt die gespannte Sprungbereitschaft Kontaktfreudigkeit wider.

Die Verschlossene: Diese Beinstellung beim Sitzen wird ausschließlich von Frauen benutzt. Diese Frau hat sich zurückgezogen, möchte sich am liebsten verstecken. Die Grundstimmung ist scheu und schüchtern. Wer sie aus dem Schneckenhaus herauslocken will, muß es auf die sanfte Tour versuchen.

Sie verstärkt positive Gesten, um auch innerlich optimistische Denkstrukturen aufzubauen.

Dann gibt es noch eine Beinhaltung, die fast ausschließlich bei Frauen zu finden ist. Da schlingt sich ein Bein wie eine Schlange um das andere. Neben dem Standbein lugt eine Fußspitze nach vorn. Das mag zwar kapriziös wirken, zeigt aber vor allem das Innenleben eines scheuen Rehs. Die Dame ist sanft und sehr empfindsam.

KAPITEL 6

Machtspiele für Angreifer und Konterkünstler

Wenn es doch nur immer so wäre! Sie führen ein Gespräch und spüren schon nach ein paar Sätzen herrlichste Harmonie. Und wenn Sie sich und Ihren Gesprächspartner dabei beobachten könnten, dann würden Sie sehen, daß die Gestik fast synchron verläuft: Übereinstimmung in Worten und Gesten.

Da gleiche Gesten einen Gleichklang der Gefühle auslösen, sollten Sie diese Macht der Körpersprache ganz gezielt einsetzen. Wer eine entspannte, freundschaftliche Atmosphäre schaffen will, sollte die Gesten seines Gesprächspartners kopieren. Unauffällig, versteht sich. Am besten funktioniert dies freilich in der Hierarchie von unten nach oben, wenn also der »zweite« den »ersten« Mann kopiert. Die stumme Botschaft: »Ich denke, ich fühle wie du, bin ganz auf deiner Linie.« Der andere wird damit in eine wohlwollende Stimmung hinaufgeschaukelt und genießt das Gefühl, daß er verstanden wird.

Eine Ausnahme gibt es allerdings: Der Angestellte sollte tunlichst die aggressiven, dominierenden Gesten des Chefs vermeiden. Sonst würde er sich nämlich zu einem Konkurrenten aufschwingen.

Auf Tauchstation: Kritisches Durchdenken eines Standpunktes. Bloß jetzt nicht ansprechen! Er hat die Rolläden heruntergelassen, was an den gesenkten Augenlidern zu erkennen ist, und möchte sich ungestört ein paar Gedanken machen.

Andererseits ist diese Spiegelbildtechnik auch hervorragend geeignet, um in Kampfsituationen Besserwisser und Großsprecher zu entwaffnen. Rechtsanwälte zum Beispiel beherrschen diese Technik und kopieren ihre Konkurrenten, um sie aus der Fassung zu bringen. Wenn

Schneller Schütze: entspannte Haltung – oberflächlich betrachtet. Tatsächlich ist der junge Mann aber »schußbereit«. So posierte Revolverheld »Billy the Kid«. Schweigende Herausforderung, Signal an die anderen Männer: »Probiert's nur, ich nehme es mit jedem auf.« An das weibliche Geschlecht: »Bin bestens ›in Schuß‹.«

sich zwei Fremde begegnen, dann nehmen sie zuerst einmal unterschiedliche Positionen ein. Zu diesem Ergebnis kam der amerikanische Psychologe ALBERT E. SCHEFLEN. Sie vermeiden sogar gleiche Gesten. Erst wenn Gemeinsamkeiten entdeckt sind, laufen auch die Gesten mehr und mehr synchron.

Es ist kein Zufall, daß sich hohe Herrschaften gern »Hochwohlgeboren« nennen lassen. Und wer vor einer Menschenansammlung spricht, versucht immer ein wenig über der Menge zu stehen. Denn wer höher ragt, der wirkt auch mächtiger. Wohl ausschließlich deshalb haben sich die Mächtigen der Welt den »niederen Chargen« schon immer gern hocherhobenen Hauptes mit Krone gezeigt. In uns steckt ein instinktiver Respekt vor Größe. Sicher machen deshalb auch Manager mit ein paar Zentimetern mehr Körpergröße leichter Karriere.

Wenn wir es allerdings mit Zeitgenossen höheren Status zu tun haben, empfiehlt es sich, ein wenig tiefzustapeln, auch was die eigene Größe angeht. Sie werden zum Beispiel von einer Polizeistreife gestoppt; einen Grund dafür gibt es ja immer. Wahrscheinlich bleiben Sie im Wagen sitzen, kurbeln die Fensterscheibe herunter und lassen den Polizisten ans Auto treten. Das ist schon ein gravierender Fehler. Der Polizist muß sich aus seinem Revier herausbegeben und auf Ihr Territorium zubewegen. Dadurch, daß Sie in Ihrem Gefährt bleiben, bauen Sie eine zusätzliche Barriere zwischen sich und dem Polizisten auf. Besser verlassen Sie Ihren Wagen und begeben sich damit außerhalb Ihres Territoriums. Schon damit stimmen Sie den Gesetzeshüter ein wenig gnädiger. Als zweite Maßnahme sei empfohlen, sich vor dem Polizisten nicht unbedingt in voller Größe aufzubauen, sondern sich eher ein wenig kleiner zu machen. Zum dritten sollten Sie auch verbal den eigenen Status ein wenig herunterschrauben und den Hüter der Ordnung wissen lassen, wie sehr Sie Ihren Fehler bedauern. Danken Sie ihm auch, daß er Sie auf einen Fehler hingewiesen hat.

Es gibt allerdings Situationen, wo dieses Kleinmachen auch ein aggressives Signal sein kann. Zum Beispiel dann, wenn Sie sich lässig in einem fremden Büro – und damit in fremdem Territorium – in einen Stuhl lümmeln.

Sollten Sie gar im Reitersitz auf diesem Stuhl hocken, übernehmen Sie auch symbolisch die Position des aggressiven, dominanten Reiters, der versucht, die anderen zu beherrschen. Doch diese Reiter lassen sich ziemlich leicht aus dem Sattel heben. Wer sich neben einen »Bürostuhlreiter« stellt, zu ihm spricht und ihm dabei ganz naherückt, der macht ihn schnell konfus.

Kennen Sie das »Chefarztprinzip«? Bosse gehen nämlich gern als erste durch eine Tür oder besetzen die besten Plätze, weil sie glauben, daß dies so sein muß. In Kantinen läßt sich das jeden Mittag beobachten. Ein Platzmacher stürmt vor, reißt die Tür auf, damit der Boß freie Bahn hat. Wenn dann ein Tisch gefunden ist, sucht er sich das Kopfende oder den Platz, der am weitesten von der Tür entfernt ist. Ansonsten ist er deutlich daran zu erkennen, daß er oft die Arme hinter dem Kopf verschränkt und sich damit von der Gruppe abhebt.

Das Geheimnis der Möbelsymbolik

Es gibt da ein paar Formeln, zum Beispiel für Stühle. Vielleicht erinnern Sie sich an Fotos vom Thron des geltungssüchtigen Herrschers des Zentralafrikanischen Kaiserreiches, des selbsternannten Kaisers BOKASSA: Eine gewaltige, überdimensionale Lehne fällt auf.

Das Prinzip hat Allgemeingültigkeit: je höher die Lehne, desto höher der Rang. Und der Mann mit der meisten Macht hat auch den Sessel mit der wuchtigsten Lehne. Und noch etwas: Armlehnen verleihen – rein optisch – ebenfalls mehr Macht.

Hohe Stühle können nervös machen, weil der Besucher sich nämlich fast immer auf eindeutig niedrigerer Ebene befindet. Und wenn dann auch noch der Aschenbecher außer Reichweite steht, so daß der Besucher sich akrobatisch verrenken muß, um seine Zigarettenasche abzustreifen, ist sein Selbstbewußtsein schon leicht angeschlagen. Zusammengequetscht auf einem niedrigen Sitzmöbel, mit den Tücken diverser Objekte kämpfend, kommt zwangsläufig Mißstimmung auf. All das ist vermutlich vom Gastgeber absichtlich so arrangiert worden, um den Besucher auf Abstand zu halten.

Es ist gut zu wissen, was einem die Laune nehmen kann und den Schwung bremst und was manche Gastgeber allein für den »Platzvorteil« mit ihren Möbeln anstellen. Allerdings zeigt ein Boß, der über diesen Umweg mit den Muskeln der Macht spielt, daß es bei ihm ein paar erhebliche Schwächen geben muß.

KAPITEL 7

Vom Geheimnis des blauen Dunstes – von den Spielen der hellen Jungs und trüben Tassen – von undurchsichtigen Brillengesten

Bloß nicht einnebeln lassen! Wer blauen Dunst macht, ist leichter zu durchschauen. Blicken Sie bei den Gesprächen »auf eine Zigarettenlänge« einfach durch die Wolken. Was Sie hinter dem Nebel sehen, das sind die versteckten Motive.

Gerade Raucher können nichts verbergen. Wenn erst einmal die Zigarette glimmt und der Rauch aufsteigt, erwischt es die saugenden Genießer kalt zwischen den Zügen.

Rauch, das heißt nämlich zuerst einmal, daß da irgendwo auch Feuer sein muß. Und so besehen, zeigen die Rauchsignale den inneren Konflikt. Innen brennt's also. Das Feuer wird zwar kontrolliert. Doch immerhin dringt der Rauch nach außen. Es hat sich herumgesprochen: Wer raucht, versucht vor allem die innere Spannung abzubauen – Zug um Zug. Wenn sich dann allerdings entspanntes Hochgefühl einstellt, geht oft die Kontrolle verloren. Raucher werden leicht unvorsichtig, trotz aller

Vernebelungsversuche. Psychologisch formuliert ist das, was mit Zigaretten, Zigarren und Pfeifen angestellt wird, eine »Übersprungshandlung«. Mit einem Ritual versuchen sich die Raucher über die täglichen Schwierigkeiten hinwegzuretten, getragen von einer Wolke aus Tabakrauch – wie auf einem fliegenden Teppich. Auf der Suche nach dem rechten Halt im Leben, klammern sie sich ans Rauchutensil.

Nichtraucher »überspringen« auch gern Probleme, allerdings oft mit wenig ästhetischen Handlungen. Sie säubern die Fingernägel, beißen an imaginären Hautfetzen herum, kratzen sich den Kopf, nesteln an der Krawatte. Alle diese Gesten können Sie besonders häufig im gutbesetzten Wartezimmer eines Zahnarztes beobachten, wo ja nicht geraucht werden darf.

Das aufwendigste Ritual haben sich die Pfeifenraucher zugelegt. GEORG STEFAN TROLLER, Journalist und Pfeifenraucher (letzteres von Jugend an), hat sich seine Gedanken darüber gemacht, warum ein Mann eigentlich zum Pfeifenraucher wird. Er bezweifelt, daß es die Elite der Überlegenen ist, die an der Pfeife hängt. Seine Meinung: Pfeifenraucher benutzen den Dampfkolben ganz bewußt, um Überlegenheit auszustrahlen. Manchen soll es durch eifriges Training tatsächlich gelingen. Dabei stilisieren sie ihre Rauchzeichen zu einer Art Kunstform hoch, entwikkeln das Rauchen zu einer Pseudomeditation. Pfeifen lassen sich nun mal nicht hastig anrauchen und nach ein paar schnellen Zügen wieder ausdrücken. Die Prozedur muß schon sorgsam zu Ende geführt werden. Pfeifen zwingen zu Konzentration und Konsequenz. Obwohl sich diese Aristokraten unter den Freunden des blauen Dunstes das Image des beschaulichen Genießers aufbauen, ist auch für sie die Pfeife in erster Linie nur ein Instrument des Spannungsabbaus. Und deshalb werden diese Pfeifen in den Momenten der Hochspannung akribisch gereinigt. Der Mann mit der Pfeifentasche scheint in solchen Au-

Tendenz steigend: Wenn es aufwärts geht mit dem Zigarettenrauch, dann können Gespräche auch zu Höhenflügen ansetzen. Wer aufwärts bläst, fühlt sich angenehm berührt und sieht alles in den schönsten Farben. Rauch, der zur Decke schwebt, verrät Hochstimmung.

genblicken nicht mehr ansprechbar zu sein. Wer einen Pfeifenraucher tatsächlich taktisch in die Ecke manövrieren will, der sollte ihm wohl am besten die Pfeife verstekken.

Noch einige Bemerkungen zur Zigarre: Sie ist kein Rauchgenuß für trübe Stunden. Deshalb schieben sich ja auch die Macker und Macher gern so ein Riesending zwischen die Zähne. Das zeigt: »Mir ist ein Riesending gelungen!« Vielleicht erinnern Sie sich an jenes Bild, das im Frühsommer 1974 durch die Presse ging. GERD MÜLLER und PAUL BREITNER, in seliger Eintracht Arm in Arm. Die beiden Herren pafften – leicht glasigen Blickes – jeweils eine Riesenhavanna. Ihnen war tatsächlich ein Riesending gelungen. Ein paar Stunden vorher hatten sie die Fußballweltmeisterschaft gewonnen.

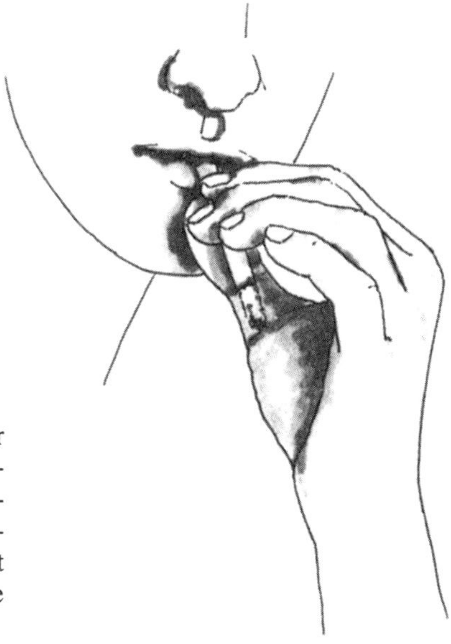

Verzinkt und versteckt – aber auf jeden Fall eine sehr intensive Natur. Sie haßt es, Aufsehen zu erregen, ist grundsätzlich eher schweigsam, verliert nicht gerne viele und große Worte.

Mit dem Mann, der Zigarre raucht, geht es jedenfalls aufwärts, oder er ist schon ganz oben angekommen.

Und die Frau, die graziös das schmale, schlanke Ding im King-size-Format in den ranken Fingern hält, zeigt, daß sie mindestens soviel Format hat wie ein Mann.

Und noch etwas sollten Sie sich merken: Zigarrenrauch wird grundsätzlich nach oben geblasen. Und das wiederum ist ein sehr verräterisches Zeichen. Wenn Sie wissen möchten, ob jemand positiv oder negativ »geladen« ist, schauen Sie einfach mal ganz verträumt den Rauchfahnen nach. Wird der Rauch nämlich nach oben geblasen, ist auch der Raucher/die Raucherin in Hochstimmung. Und wenn Sie der Anlaß dieses Höhenflugs sind, dann hatten Sie gerade einen tollen Auftritt. Zischt die Rauchwolke allerdings abwärts – was bei Zigarren ja höchst selten oder nie geschieht –, dann trifft dieser Abwärtstrend auch die Grundstimmung. Da ist dann einiges den Bach runtergegangen.

Noch ein paar weitere Rauchanalysen: Wird der blaue Dunst durch den Mundwinkel geblasen, zeigt das die Bereitschaft, auch mal einen krummen Weg zu gehen, mit aller Entschlossenheit. Wird der Rauch durch die Nase ausgeblasen, muß der Kopf – im doppelten Wortsinne – schon ziemlich hoch getragen werden. Ein bärenstarkes Selbstvertrauen hat der Typ, er hält sich offenbar für unfehlbar.

Das alles haben Sie ganz sicher schon im Film gesehen. Dort bläst der Boß den Rauch seiner *Monte Christo* in einer eindeutigen Geste in Richtung Zimmerdecke. Nun hat es jeder bis in den letzten Rang kapiert: Er bereitet einen großen Coup vor. Dazu mußte nicht erst der Tonfilm erfunden werden.

Rauchende Zocker sollten sich deshalb nicht aufs antrainierte Mienenspiel verlassen. Wer bei der Kartenrunde raucht, trägt doppeltes Berufsrisiko. Wenn aus einer Leichenbittermiene der Rauch himmelwärts steigt, dann ist garantiert ein tolles Blatt in der Hand.

Schauen wir den Zigarettentypen doch einmal bei ihrer Lieblingsbeschäftigung zu:

Da wäre der *Verberger*. Die Glut hält er verdeckt in der hohlen Hand, so als müsse er sie schützen. Sie dürfen sicher sein, daß da einige verzinkte Gedanken durch den Kopf gehen. Und Sie dürfen ebenso sicher sein, daß bei ihm noch ein zweites As im Ärmel steckt. Wer so raucht, ist vorsichtig und wortkarg und sagt niemals, was er denkt. Und wenn er innerlich glüht, wird er auch das zu verbergen wissen.

Nervöser Paffer, dieser *Klopfer:* Immer wieder zuckt der Zeigefinger zur Zigarette, streift ständig Asche ab, die gar nicht so schnell wieder nachwachsen kann. Damit soll die Nervosität, die innere Unrast mit abgestreift werden. Klopfer hören nicht gerne hin, wollen vor allem selbst das große Wort führen. Was dabei herauskommt, ist nur zu häufig Nörgelei und Kritik und das verbale Abklopfen der Schwächen anderer.

Auch Damen fallen durch extravagante Rauchposen auf! Auf feine Art bedacht: die *Gespreizte.* Doch die gezierte Pose sollte nicht täuschen: Wer so raucht, ist auch geistig orientiert. Der Physiognomiker REINHOLD GERLING analysierte: Die Dame ist zwar Stimmungsschwankungen unterworfen, paßt sich jedoch stets gut an.

Wesentlich herber ist der Griff der *Flötenspielerin.* Für

Frauenhände eigentlich viel zu hart. So besehen, gewinnt die Dame ihrer Zigarette ein paar männliche Züge ab. Herbes Aroma herrscht vor, doch ausgesprochen vollmundig, was das Genießen angeht. Sie hat's auch ganz gern scharf gewürzt.

Typisch männlich ist dagegen wieder der *»Ich mach's mit dem kleinen Finger«*-Typ. Er hält die Zigarette zwischen Ring- und Mittelfinger. Das ist Rauchen mit dem gewissen Duft der Artistik. So qualmt der Mann, der immer alle Hände voll zu tun hat. Ein Simultanspieler, der stets zwei, drei Dinger auf einmal dreht.

Der *Fackelträger* hält die Zigarette wie das Licht der Erkenntnis. Ein Mann, der gern die ritterlichen Tugenden konserviert und auch seinen Hang zum Abenteuer. Nur zu gerne läßt er sich in irgend etwas verwickeln, mutig bis zur Verwegenheit. Rückschläge werden mit einem Achselzucken weggesteckt.

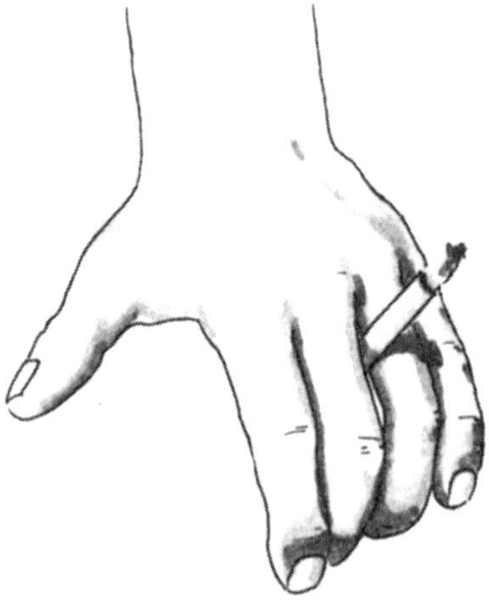

Trickspieler: ungewöhnliche Zigarettenhaltung zwischen Mittel- und Ringfinger. Wer so raucht, ist stets bereit, ungwöhnliche Wege zu gehen.

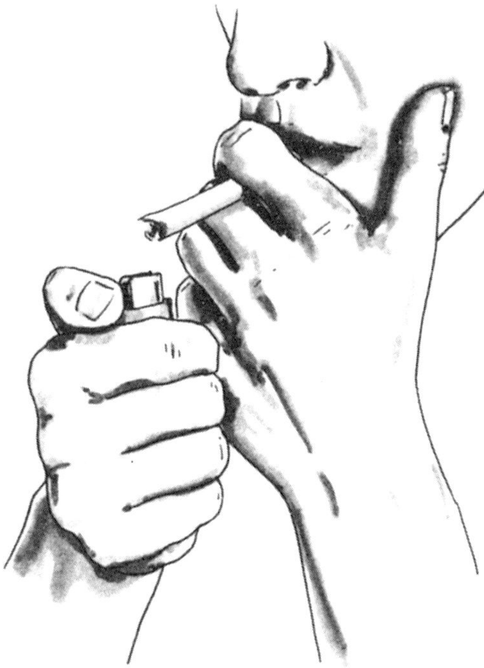

Die Chance packen: Wer so konzentriert zündelt, der versteht es auch, die Chancen festzuhalten, die sich ihm bieten. Er erweist sich nicht nur beim Anzünden von zupackender Wesensart. Er handelt – und zwar überlegt. Und er genießt konzentriert.

Der *beidhändige Zündler* ist ein konzentrierter Genießer, sehr auf den Augenblick bezogen und introvertiert, ein Mann, der sich grundsätzlich nur mit einer Sache beschäftigt und sich bei jeder Aufgabe Zeit läßt. Er bekommt Kompliziertes mit seinen sensiblen Fingern schnell in den Griff, und das nicht nur, wenn es um kalte Technik geht. Er ist eben ein Fummler, einer, der handelt und nur allzu gern mit dem Feuer spielt.

Zur Sache: Er kommt »zur Sache«, wenn es darauf ankommt, und zwar ohne viel Umstände. Er versteht es, verschiedene Aufgaben zur gleichen Zeit zu erledigen, weiß zu improvisieren und fackelt nicht lange: eben ein »Zupacker« – mit Biß.

Der *Ablecker* fährt mit der Zunge an der Zigarette entlang, als ob sie eine Falzkante hätte. Das ist die Harte-Mann-Masche. Aber weil die Stäbchen aus dem Automaten maschinell gepreßt sind, ist das Ritual überflüssig – und deshalb künstlich. Dieser Rauchertyp führt in der Kneipe gern das große Wort, um dann ein großes Bier mit viel Schaum über den Knorpel zischen zu lassen.

Der *Beißer* hält das Mundstück fest zwischen den Zähnen. Die Zigarette weist kampflustig aufwärts wie eine Speerspitze. Er hinterläßt den Eindruck, als ob er ganz gerne auch mal den Bizeps spielen ließe.

Nicht nur beim Rauchen, sondern auch beim Kaffeetrinken verrät sich der Mann, weil jeder nun mal anders schlürft. Genau hinschauen, wenn es hochgeht mit den

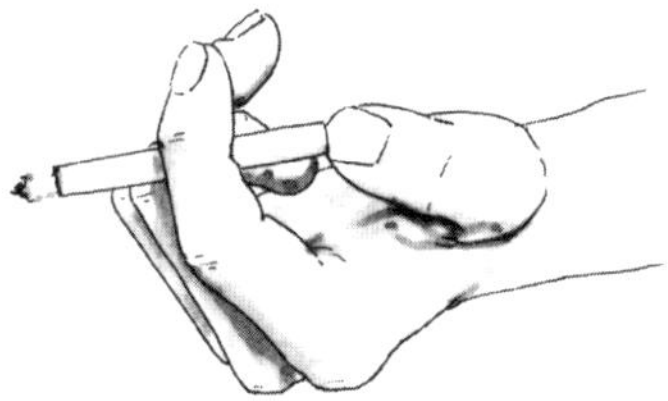

Unter Druck: Der Daumen scheint kraftvoll aufs Mundstück zu hämmern. Die Geste zeigt, daß sich einer selbst gern unter Druck setzt und aufs Tempo drückt. Er ist leistungsbesessen, körperlich stark, psychisch widerstandsfähig und will stets etwas durchdrücken.

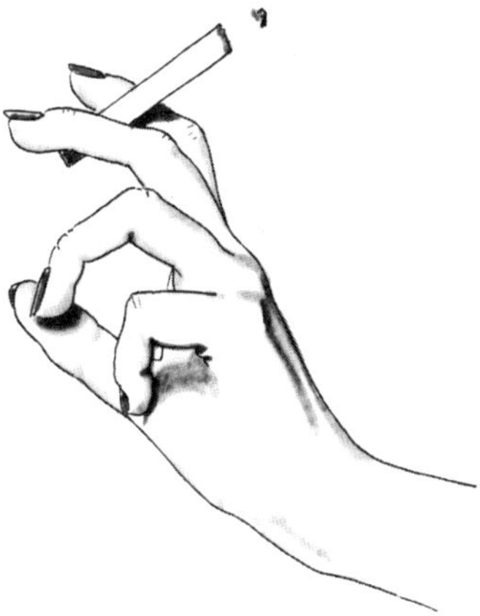

Nervöser Finger: Spannung und Nervosität müssen abgeleitet werden – durch Bewegung. Hier können die Finger nicht ruhig bleiben, immer wieder scheinen die Gedanken abzudriften, in eine andere Richtung zu gehen. Bedenken, Vorbehalte herrschen vor.

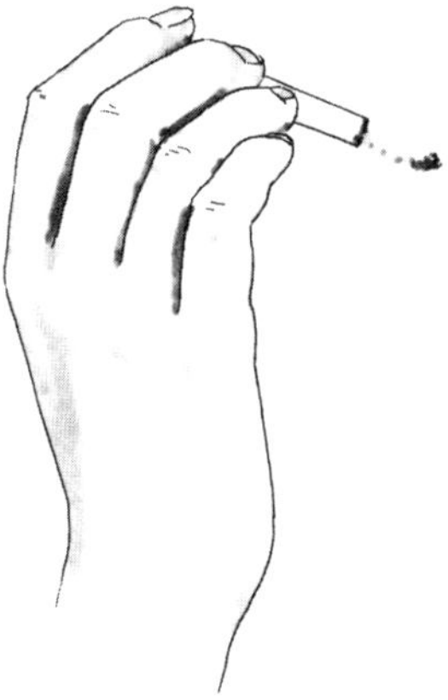

Leicht zu packen: Wer so vorsichtig zugreift, ist meist leicht zu beeinflussen und wird auch leicht ausgenutzt. Andererseits ist er ein anpassungsfähiger Gesprächspartner, meist mit einem guten Gedächtnis.

Nervenbündel: Dem flattert immer gleich das Hemd, der weiß nicht, was er zuerst tun soll, an der Kaffeetasse nippen, an der Zigarette ziehen, in die Akten schauen oder über den Tisch hinweg ein paar Takte plaudern. Wer so zerfahren ist, dem wird nichts so richtig gelingen.

Tassen! Kaffeetassenpsychologie ist kein kalter Kaffee, denn auch der Umgang mit dem aromatischen Sud ist sehr persönlich:

Der *Fuchs* zum Beispiel äugt beim Gespräch über den

Rand der Kaffeetasse hinweg, deckt sich voll ab im Gespräch, weil er die Tasse wie ein Schild vor sich hält.

Auf diese Weise getarnt, wartet er auf Schwächen seines Gegenübers.

Der *Greifer* braucht keinen Henkel. Ein rasanter Hoppla-jetzt-komm-ich-Typ, der es immer gleich im ersten Anlauf packen will. Feingefühl ist nicht unbedingt seine Stärke. Dafür ist er aber immer geradeheraus. Er steuert Ziele ohne Umwege an.

Das *Faultier* ist zu träge, um den Löffel aus der Tasse zu nehmen, ein müder, gelangweilter Typ, bequem, fast schlampig. Andererseits sieht er das Leben erfreulich locker. Skrupel kennt er aber auch nicht.

Das *Nervenbündel* weiß gar nicht, was es zuerst tun soll: am Kaffee nippen – gedankenverloren, versteht sich –, an der Zigarette ziehen oder einen Blick in die Akten werfen. Diese Leute plagt der Alltag, zwickt der Streß.

Der *Pfau* steht für den Typ, bei dem die eitle Wahrheit im abgespreizten kleinen Finger steckt: ein sich vornehm gebender Plauderer, aber auch mit viel Einfühlungsvermögen. Er sieht sich selbst immer wie auf einer Bühne und mag sich auch keinen Moment aus den Augen verlieren.

Der *Pfennigfuchser* gießt ein paar übergeschwappte Tropfen aus der Untertasse sorgsam wieder in die Tasse zurück. Er will nichts, aber auch gar nichts verkommen lassen, ist sparsam, fast geizig und läßt sich deshalb grundsätzlich zum Kaffee einladen.

Der *Schauspieler:* Hamlet bei der Kaffeepause. Er inszeniert sich selbst so dramatisch wie eine klassische Oper und sucht auch in der Gruppe stets die Gelegenheit fürs

Gespreizter Schlürfer: Kaffeegenuß auf die pfauenhafte Art, mit abgespreiztem kleinem Finger. Genauso gespreizt stellt er sein Selbstbewußtsein zur Schau. Er zelebriert die Kaffeestunde wie ein Schauspieler – ein amüsanter Plauderer, aber stets unverbindlich.

große Solo. Das Täßchen balanciert er artistisch mit den Fingerspitzen wie Hamlet den Schädel – ein Selbstdarsteller, dem der Auftritt sein ein und alles ist.

Der *Klammeraffe:* Wer dieses Sorgenbündel erst mal »auf einen Kaffee« im Büro sitzen hat, kommt so schnell

Verunsichert: »Was habe ich gerade gesagt? War das etwa nicht richtig?« Er hat immer Angst, einen Fehler zu begehen. Deshalb schützt er nicht nur seine Tasse mit beiden Händen, sondern durch diese Barriere auch sich selbst. Im Gespräch muß er aufgebaut werden, sonst kommt von ihm gar nichts mehr, und er wird nur noch schweigend schlürfen.

nicht wieder zum Arbeiten. Der Typ ist wie Heftpflaster, nicht loszuwerden. Er redet gar nicht einmal übermäßig viel, hängt meist beharrlich irgendwelchen Gedanken nach, wozu er aber offensichtlich Gesellschaft braucht.

Jeder von uns ist ein Fummler, und wir spielen mit allem, was uns in die Finger gerät. Wir lassen unsere Hände über die Glätte eines Glases gleiten, klappen Brillen auf und zu.

Brillengestik ist ein Bekenntnis ohne Worte. Nehmen wir einmal an, Sie haben ein wichtiges Gespräch zu führen. Sie wollen, nein, Sie müssen Ihren Gesprächspartner überzeugen. Sie spüren, daß er sich mit Worten zurückhält:

Jetzt hat er seine Brille abgenommen: Er steht sichtlich unter Entscheidungsdruck.

Er führt einen Brillenbügel zum Mund und fängt an, darauf herumzukauen: Damit versucht er sich selbst den »Mund zu stopfen«, so daß ihm keine Bemerkung unbedacht herausfährt. Diese Geste zögert eine frühe Entscheidung hinaus.

Er faßt die Brille am Bügel und läßt den Arm über der Sessellehne locker nach hinten baumeln: Jetzt ist eine Denkpause angesagt. Am besten überspringen Sie diesen Punkt. Reden Sie doch einfach mal über ein anderes Thema, es darf ruhig auch etwas Privates sein.

Er setzt sich die Brille wieder auf: Er möchte die Fakten noch einmal aufnehmen, neu überdenken, möchte alles noch einmal in einem anderen Licht betrachten.

Er schiebt die Brille ein wenig nach vorn auf die Nase: Sie müssen sich gerüffelt fühlen. Das war ein Verweis. Jetzt wäre es auch gar nicht gut, ihn zu unterbrechen. Das sollten Sie erst tun, wenn er seine Brille wieder zurückschiebt.

Er nimmt die Brille beidhändig ab und hält sie fest: Sie haben einen Köder ausgeworfen, und Ihr Gesprächspartner hat angebissen. Aber so ganz schlucken will er die

Lässig bis nachlässig: schlichtweg ein Faultier, zu nachlässig, um den Löffel aus der Tasse zu nehmen. Andererseits aber ist er ein erfreulich lockerer Gesprächspartner, wenn auch manchmal ein wenig skrupellos, weil er sich gern über (Ver-)Ordnungen hinwegsetzt.

Sache nicht. Wenn sich seine Hände nicht bald bewegen, wird die Angelegenheit weiter in der Schwebe bleiben.

Er beginnt demonstrativ seine Brille zu putzen: Jetzt haben Sie ganz schlechte Karten. Wahrscheinlich liegen Sie mit Ihren Argumenten voll daneben. Auf diese Weise läßt er Sie wissen, daß Sie erst einmal Luft für ihn sind.

Er setzt das Ding mit ausgesprochen spitzen Fingern wieder auf: Er glaubt Ihnen immer noch nicht so ganz.

Jetzt nimmt er die Brille erneut ab und klappt sie zusammen: Seine Entscheidung ist gefallen, er hat sich ein festes Urteil gebildet, hat den Punkt abgehakt. Auf den »Urteilsspruch« müssen Sie allerdings noch warten. Sie sollten nun nicht weiter drängen. Auch wenn er schweigt, läßt sich jetzt nicht mehr viel bewegen. Es sei denn, Sie kommen mit wirklich durchschlagenden Argumenten.

KAPITEL 8

Auf Tuchfühlung gehen und Abstand halten – das Spiel mit dem Raum

Es gibt Situationen, da kommen wir an unseren Mitmenschen einfach nicht vorbei. Da wird's extrem eng, da kommen wir uns nah und näher. Und je enger es wird, desto fahriger, nervöser reagieren wir. Und noch mehr Enge, die treibt uns glattweg den Schweiß auf die Stirn.

Unsere Intimzone wird eigentlich nur aus zwei Gründen durchbrochen: Entweder ist es Liebe, geht es um Sex und sehr intime Gefühle, oder es handelt sich ums Gegenteil: Feindschaft, also um einen offenen Angriff. Doch wie auch immer, in beiden Fällen ist es eine aufregende Sache. Das Herz schlägt schneller, Adrenalin schießt ins Blut und gibt dem Organismus die Peitsche.

Jetzt verstehen Sie, warum Instinkte wach werden, wenn andere in unser Revier einbrechen. Und das passiert täglich: in Bussen und Bahnen, in engen Fahrstühlen.

Zwei Fremde, die sich in einem Aufzug begegnen, scheinen den Atem anzuhalten, und erst wenn sich die Fahrstuhltür in einem Stockwerk öffnet, ist es, als atmeten sie erleichtert auf. Selbst wenn zwei Leute einigermaßen gut miteinander bekannt sind, scheint die Beklemmung im Lift mitzufahren. Man fixiert das Licht an der Decke oder verfolgt scheinbar fasziniert das Zahlenspiel der Stockwerkanzeige. Um es in der Sprache der Psychologie auszudrücken: In einem Aufzug behandeln sich die Menschen, als gäbe es den anderen nicht, als wäre er Luft, eine »Nichtperson«. Zuerst einmal werden einige Entschuldigungssignale ausgesandt, und dann klinkt sich jeder aus, um den Transport über sich ergehen zu lassen. Es scheint, als wäre räumliche Enge anders nicht zu ertragen.

Dicht auf dicht erstarren wir für die Spanne von zwanzig, dreißig Sekunden zur Bewegungslosigkeit, und wenn wir trotzdem den Nachbarn dabei ungewollt berühren, ziehen sich die Muskeln dieser Körperregion wie in einem Reflex zusammen. Das ist wieder eines der stummen Entschuldigungssignale, mit denen wir zu verstehen geben: »War wirklich nicht so gemeint, ich wollte Sie nicht belästigen, ich werde mich selbstverständlich gleich wieder zurückziehen.«

In »hautnahen« Momenten entschuldigen wir uns übrigens pausenlos. Im Bus nehmen wir erst nach einer Reihe unbewußter Entschuldigungssignale zwischen anderen Platz. Und wenn wir sitzen, schlagen wir die Augen nieder. Das ist eine erneute Entschuldigung. Säßen wir ganz allein, würden wir niemals den Blick senken. Was da im Bus oder Aufzug geschieht, ist eine Begegnung der intimen Art. Da kommen sich zwei Menschen nahe, die eigentlich gar nichts miteinander zu tun haben. Und sie sind gezwungen, Distanzzonen aufzugeben, die man im täglichen Leben bewußt einhält!

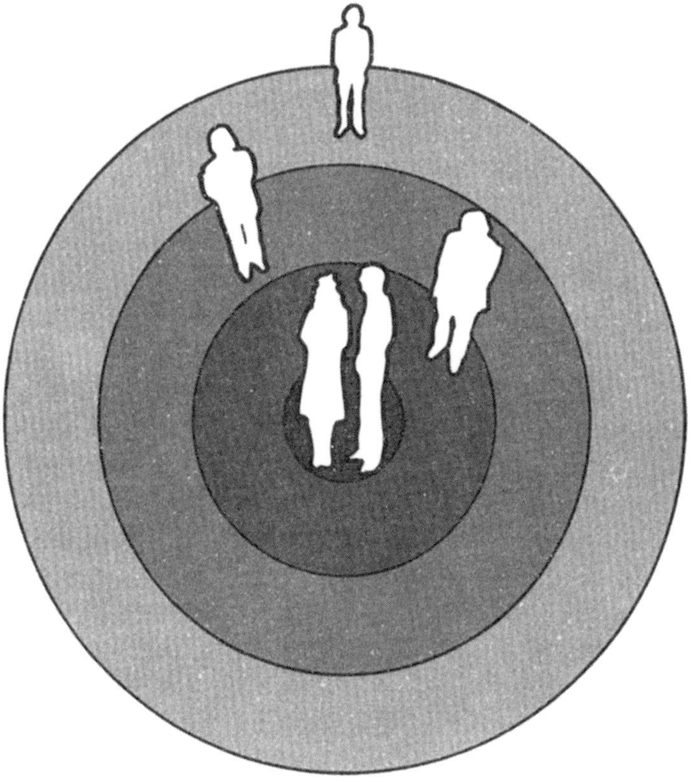

Distanzzonen sollte man stets beachten und dem anderen nicht zu dicht »auf die Pelle« rücken. Die Bedeutung der vier Ringe ist auf den Seiten 110 und 111 erklärt.

Ring Nr. 1: Wenn zwei Menschen sich so nah sind, müssen sie sich schon besonders mögen, um es miteinander auszuhalten. Dies ist sonst nur die Distanz der Liebenden. Da werden Menschen wortkarg. Geruchssinn und Tastsinn sind hier die Mittel der Kommunikation. Hier wird gefühlt, erschnuppert. Das ist der engste Blickwinkel des Sehens: Eine Distanz, die sich gerade noch für die allerbesten Freunde schickt. Ist Ihnen nun klar, warum wir in engen Aufzügen zu Salzsäulen erstarren?

Ring Nr. 2: der persönliche Abstand. Er beginnt, wo der Intimabstand endet und reicht bis etwa zu 120 Zentimetern. Dies ist der Abstand, der uns von guten Bekannten trennt. So viel Abstand halten wir bei Partys, beim Gespräch und allen möglichen freundschaftlichen Treffen. Der Gesprächspartner ist noch greifbar. Menschliche Nasen können auf diese Entfernung nicht mehr so viel erschnuppern. Körpergeruch wird nur noch in der Verstärkung – als Parfüm oder Knoblauchdunst zum Beispiel – wahrgenommen. An der äußeren Grenze dieser Zone hat sich der andere schon dem Zugriff entzogen.

Ring Nr. 3: der gesellschaftliche Abstand. Er reicht von 120 bis zu 360 Zentimetern. So weit rücken wir von Kollegen ab, die wir siezen, oder vom Mechaniker, der im Keller die Waschmaschine repariert. Vorgesetzte sprechen aus dieser Distanz mit Angestellten. Allerdings legen manchmal auch Paare auf diesen Abstand Wert, und zwar um sich zu entspannen. Wenn sie wollen, können sie miteinander reden. Sie können sich aber auch anderen Dingen widmen.

Ring Nr. 4: der öffentliche Abstand. Er beginnt bei etwa 360 Zentimetern und reicht bis unendlich. Allein die Sprache wird schon förmlicher, und es muß auch ein wenig lauter gesprochen werden. Es ist der Abstand, den Respektspersonen zu schätzen wissen. Hier kann man sich distanzieren – weil es eine »Fluchtdistanz« ist. Und hier läßt sich auch würdevoll schreiten, was in der Menge unmöglich wäre.

Wie gut unser Instinkt für den richtigen Abstand funktioniert, zeigt eine Anekdote. In jenem Augenblick, in dem feststand, daß John F. Kennedy zum Präsidenten der Vereinigten Staaten von Amerika gewählt worden war, wichen die Umstehenden – Wahlhelfer und Fans – plötzlich von ihm zurück. Sie gingen auf öffentlichen Abstand. John F. Kennedy war von diesem Moment an nämlich absolute Respektsperson – eben der Präsident der USA.

Raumblasen, Distanzzonen, Territorien, das sind die Lebensräume der Psyche. Jede Person besitzt so ein eigenes Territorium, aber überall sind die Lebensräume verschieden. Die Japaner, zum Beispiel, haben es auf ihrer dichtbewohnten Insel über Generationen gelernt, auf engstem Raum zu leben. Andere Kulturkreise verstehen »Ellenbogenfreiheit« als meilenweite Einsamkeit.

Wenn dann zwei Völker mit unterschiedlichem Raumgefühl aufeinandertreffen, kann es zu Mißverständnissen kommen. Mitteleuropäer und Nordamerikaner halten bei förmlichen Gesprächen einen Abstand zwischen einem halben Meter und 120 Zentimetern. In diesem Abstand fühlen sie sich wohl und sicher. Rückt jemand näher, wird dies als ungemütlich empfunden.

Mit einer Videokamera wurde einmal ein geschäftliches Gespräch zwischen einem Amerikaner und einem Japaner aufgezeichnet. Beim schnellen Abspielen bekam diese Begegnung eine merkwürdige Choreographie. Die beiden Verhandlungspartner schienen Tango miteinander zu tanzen. Während der Japaner seinem Gesprächspartner beharrlich nachrückte, schien dieser vor ihm zu fliehen, was daran lag, daß der Abstand, den der Amerikaner einhielt, von dem Japaner als zu distanziert empfunden wurde. Also rückte er nach. Nun auf »Japankontakt«, wurde es dem Amerikaner wieder zu ungemütlich – also rückte er wieder ab . . . und der Japaner erneut nach. Er empfand den Amerikaner als kalt und ablehnend, der Amerikaner den Japaner als aufdringlich: ein Mißverständnis, entstanden aus dem unterschiedlichen Gefühl für Nähe.

Unser Raumempfinden hat übrigens sehr viel mit der Bevölkerungsdichte unserer Heimat zu tun. Schon am Händeschütteln können Experten der Körpersprache erkennen, ob wir vom Lande oder aus der Stadt kommen. Die Leute vom flachen Land strecken beim Handschlag den Arm weiter aus. Der Grund: Ihre private Zone, der Intimabstand, ist etwa doppelt so groß wie beim beengten Stadtmenschen. Landleute bleiben beim Gruß auch mit beiden Beinen fest auf dem Boden stehen, während die Städter sich gewöhnlich leichtfüßig einen Schritt entgegenkommen.

Eine Verkaufsorganisation in England hatte sich von Psychologen beraten lassen und wies ihre Vertreter an, bei Antrittsbesuchen erst einmal die ländlichen Kunden auf Distanz zu grüßen, damit sie sich nicht zu beengt fühlten. Ein brillanter Zug! Auf Distanz wurden die besseren Kontakte geknüpft, und weit mehr wurde verkauft.

Bei Polizeiverhören wird dieses empfindliche Raumgefühl psychologisch trickreich genutzt. Der Verhörte sitzt außerordentlich unbequem. Seine Befrager im Dunkeln rücken ihm immer dichter auf den Pelz, wenn sie ihm bestimmte Fragen stellen. Sein Instinkt registriert: Angriff. Ein Gegenangriff ist aber nicht möglich. Also Flucht! Aber auch das geht nicht. So entsteht starker Druck, Überdruck. Wer hier keine bärenstarken Nerven hat, dreht durch. Und genau das ist beabsichtigt. Der Nervenkrieg, angeheizt durch qualvolle Enge, soll den Widerstand brechen.

Grundsätzlich suchen wir nämlich überall den weitestmöglichen Abstand zu Fremden, ob im Kino oder am Konferenztisch. Verstoßen wir gegen dieses Gesetz und drängeln uns ohne zwingenden Grund zu nahe an jemanden heran, fühlt er sich von uns bedroht. Durch das Eindringen in die Intimzone können wir auch testen, ob wir »ankommen« oder bei anderen »kalt abfahren«. Typisch ist da die Anmache mancher Beach Boys, die sich auf fremde Badelaken hocken. Da erfahren sie nämlich postwendend, ob etwas geht oder ob gar nichts läuft.

Wer neu in eine Arbeitsgruppe kommt, hat oft das Gefühl, daß die anderen ihn feindselig behandeln. Was geschieht, ist nichts anderes, als ein Auf-Distanz-Halten, und zwar auf »gesellschaftliche Distanz«.

Doch je besser die »Alten« den Neuen kennenlernen, desto mehr schrumpfen die Zonen des körperlichen Abstands. Man kommt sich näher – persönlich und körperlich.

Auch wenn sich zwei küssen, verrät dies noch nicht allzuviel über ihre wahren Gefühle. Die zeigen sich am Abstand der Hüften. Liebespaare in der ganz heißen Phase pressen die Körper eng aneinander. Je weniger die Küssenden wirklich verbindet, desto größer ist der Abstand zwischen ihren Hüften. Bei fünfzehn Zentimetern darf schon von einem sehr coolen Kuß gesprochen werden.

Ein ganz besonderes Distanzverhältnis entwickeln wir beim Autofahren. Obwohl der Abstand hier im Vergleich zu anderen Situationen des täglichen Lebens geradezu komfortabel zu sein scheint, wächst die Feindseligkeit der Autofahrer untereinander ständig. Immer wieder wird unser Raumgefühl verletzt, dringen andere in unsere persönliche Zone vor – und wir wehren uns mit Gegenattakken.

Der schweizerische Verkehrspsychologe Dr. SIRO SPÖRLI deutet die Aggressivität auf unseren Straßen so: Autos sind Reviere, Festungen aus Blech und Chrom. Und wer in der Kiste sitzt, empfindet wie der Platzhirsch im Forstrevier. Unsere private Zone wächst im Auto nämlich gewaltig an, besonders mit zunehmender Geschwindigkeit: zehn Meter nach vorn und zehn Meter nach hinten. Jede zu dichte Annäherung an diese Zone wird als Verletzung unseres Hoheitsgebietes gewertet. Aggressionen keimen auf, weil die anderen Verkehrsteilnehmer für unser Empfinden viel zu geringen Abstand halten.

Aber Fahrzeuge rücken sich nicht nur bedrohlich nahe aufs Blech, sie sind darüber hinaus auch noch unhöflich. Sie machen keine Entschuldigungsgesten wie zum Beispiel Leute im engen Lift. Autos lächeln nicht beschwichtigend mit ihren ausdruckslosen Chromschnauzen. Demutsgebärden, die nicht nur die friedliche Absicht zeigen, sondern auch die Achtung vor der Menschenwürde des anderen, sind von den Flitzern nicht zu erwarten. Sie beherrschen nun einmal nicht die Körpersprache, jene Gesten, die warnen und bevorstehende Absichten ankündigen. Wenn die vierrädrigen Kisten sich verbeugen und entschuldigen könnten, ginge es auf unseren Straßen sicher viel friedlicher zu.

Menschen auf vier Rädern reagieren wie Kampfhähne im Tierreich. Sie springen auf die sogenannten Schlüsselreize an, so wie der rote Bauch eines Goldfischmännchens oder die Stirnlappen eines Hahns die Konkurrenz giftig machen. Andere Merkmale wiederum hemmen, bremsen, stimmen freundlich füreinander.

Ob auf unseren zwei Beinen oder im fahrbaren Untersatz: Immer verteidigen wir unseren Lebensraum, kämpfen um unser Eigentum. Wir kennzeichnen unsere Reviere durch Marken und durch ständige Präsenz. Wenn andere in diesen Raum eindringen, bedeutet dies, daß sie uns angreifen und verdrängen wollen. Wenn sie dagegen unseren Raum respektieren, antworten wir ebenfalls mit Respekt. Dies ist das Geheimnis von Krieg und Frieden – auf einen kurzen Nenner gebracht.

KAPITEL 9

Die Jagd geht auf: die Büroparty

Es gibt sie wirklich, die Partyprofis! Sie finden auf jedem Fest die strategisch wichtigen Plätze, diese Götter der Geselligkeit, die Großmeister des kleinen Scherzes, die Zauberer des Flirts, die Dampf- und Spaßmacher mit der Gabe, auch steifleinerne Gruppen in eine ausgelassene Clique zu verwandeln. Wie sie schon den Raum betreten, das hat etwas von der Manier eines Hollywoodstars, dem irgend jemand geflüstert hat, daß ihm in ein paar Minuten der »Oscar« verliehen wird. Ihr oberstes Gebot lautet: Sehen und gesehen werden! Das wichtigste Signal, das sie setzen, heißt: »Jetzt bin ich da – und ich werde hier einiges anstellen.«

Natürlich wollen wir hier nicht das Mißverständnis propagieren, bei jeder Büroparty gäbe es nur ein erklärtes Ziel. Doch finden sich gerade bei diesen Anlässen immer wieder männliche Optimisten ein, deren »Jagdtrieb« erblüht. All jenen sind die folgenden Zeilen, die ein paar Tips erfahrener Partyprofis weitergeben, gewidmet. Und alle anderen Leser mögen sich über die sicher nicht todernst zu nehmenden Ratschläge amüsieren!

Wenn es richtig losgeht, haben sich ja meist schon

kleine Parteien gebildet. Suchen Sie, lieber »Partyjäger«, sich eine Gruppe aus, und beobachten Sie dann die Leute. Stehen sie mit verschränkten Armen und wirken verhältnismäßig verschlossen? Bilden sie einen offenen Kreis? Wenn die Partygänger hin und wieder in eine Ecke des Raumes blicken, dann beeilen Sie sich, Sie werden nämlich gebraucht! Haben Sie dort Fuß gefaßt, dann nicht gleich loslegen, sondern erst einmal zuhören und nur hin und wieder eine kurze Bemerkung einstreuen. Sie sollen sich einschleichen, nicht einbrechen! Partyprofis können auch zuhören und vor allem das Richtige heraushören.

Doch fast noch wichtiger als das Hören ist das Sehen der verschiedenen Akzeptanzsignale. Frauen verstehen sich von Natur aus besser darauf, aber Männer sind in dieser Beziehung sehr lernwillig (wenn auch nicht unbedingt lernfähig).

Ein solches Grünlichtsignal ist zum Beispiel ein Blick, der länger als zwei Sekunden dauert. Aber das wußten Sie schon längst. Nun, dann betrachten Sie die Pupillen: Tiefer Blick, also große Pupillen, sind ein Hinweis, daß Sie große Erwartungen geweckt haben. Richten Sie jetzt den Blick ein wenig tiefer, und zwar auf die Schultern. Synchrones Schulterzucken mit dem Ihren ist ein weiterer Hinweis auf gleiche Wellenlänge. Sind die Schultern entspannt, ist die Dame, die Sie im Blick haben, durchaus erreichbar. Ein leicht schräggelegter Kopf unterstreicht das noch.

Blicken Sie noch tiefer – auf die Füße. Wenn eine Fußspitze auf Sie weist, nun, dann sind Sie ihr Ziel. Wenn die Sache so richtig ins Rollen kommt, dann läuft es stets nach einem festgelegten Ritual. Aber von nun an sollten

Sie sich auf Ihren Instinkt verlassen! Hier können wir nicht mehr helfen und geben deshalb nur noch ein paar strategische Hinweise.

Männer greifen sich bei der »Anmache« als erstes an den Hals und glätten die Krawatte. Ist dort nur ein offener Hemdkragen, dann wird eben der glattgestrichen.

Verfügbarkeit wird auch durch ganz bestimmte Gesten ausgedrückt. Durch den »Mackerdaumen«, der auf die Genitalzone weist (Frauen haben diese Geste inzwischen übernommen). Männer stützen auch gern wie ein Torero eine Hand auf die Hüfte, um ihre Erscheinung besser ins Blickfeld zu rücken. Und wenn sie sitzen oder an der Wand lehnen, spreizen sie die Beine; dadurch wird die Genitalzone präsentiert. Das sollten Sie bitte nicht übertreiben. Frauen sind da übrigens viel dezenter, von Natur aus.

Die Gesten zeigen hier eine höchst komplizierte »Beziehungskiste«. Zuerst einmal die Frau am rechten Flügel: Ein Fuß ist vorgesetzt, und zwar in Richtung auf den Typ ganz links, der an seiner Krawatte herumfingert. Das geschieht auch nicht zufällig – doch davon später. Sie hat die Hände auf die Hüften gelegt, den Daumen im Gürtel verankert. Grünes Licht: sexuelle Bereitschaft. Außerdem entblößt sie die sensible Streichelzone des linken Handgelenks. Der Rauch ihrer Zigarette steigt steil aufwärts, was ein weiterer Hinweis darauf ist, daß sie auf einer Wolke schwebt, und zwar ziemlich »high«. Gerichtet sind alle diese Signale auf den linken Mann. Der springt auch voll darauf an und rückt an seiner Krawatte, die in der Deutung der Psychologie ein Sexualsymbol ist. Der Mann in der Mitte kommt da gar nicht gut weg und kann folglich sein Mißvergnügen nicht verbergen. Seine Handflächen sind verschlossen, er hat symbolisch das Visier heruntergeklappt, sein Körper ist von dem Eindringling abgewandt, er lehnt an der Wand, was in der Übersetzung der Psychologie heißt: »territoriale Aggression«!

Doch viele Gesten sind bei Männern und Frauen gleich. Das Glätten der Kleidung, das Streichen durchs Haar, der Blickkontakt, die aggressive, Dominanz symbolisierende Daumengeste.

Typisch Frau ist dagegen, den Kopf zurückwerfen (»Sieh, wie mein Haar fliegt, sieh meinen Hals, meinen Körper ...«). Auch Frauen mit kurzen Haaren lassen mit zurückgeworfenem Kopf eine imaginäre Mähne fliegen.

Typisch weiblich ist es auch, die Handgelenke zu entblößen. Am unauffälligsten geschieht dies mit einer Zigarette in der Hand. Da wird dann sehr diskret eine leicht erregbare, hochsensible Streichelzone sichtbar. Auch die Beine werden weiter geöffnet als bei einem »wertfreien« Talk. Wenn bei einer Frau allerdings gar kein Interesse besteht, dann sind die Beine hermetisch geschlossen.

Nicht zu übersehen ist der leicht geöffnete Mund, die Lippen ein wenig feucht. Laut Desmond Morris ist dies »Selbstmimikry«, eine symbolische Darstellung der Genitalzone (»Ich bin eine Frau, sieh, was ich dir zu bieten habe«). Der leicht geöffnete Mund ist eine symbolische Einladung.

Frauenhände spielen in solchen Situationen gern mit Gegenständen, umstreichen die Konturen eines Weinglases: Gesten, die zärtliches Einfühlen versprechen.

Partyprofis brauchen die Raumaufteilung eines erfolgreichen Tennisspielers:

Das Badezimmer ist höchstens eine Fluchtecke für pathologische Feiglinge. Deshalb ist es auch nicht der Ort, um eine Bekanntschaft zu machen. Im übrigen: Wie oft wollen Sie sich denn noch die Hände waschen ...?

Im Bereich des Bücherschranks stehen Sie da schon günstiger. Hier lassen sich Gespräche anknüpfen, hier können Sie auch einiges über die Gastgeber erfahren. Die Nähe der Gastgeber ist immer dann besonders zu empfehlen, wenn Sie allen interessanten »Neuerscheinungen« am Ort des Geschehens vorgestellt werden möchten.

Eine Wand im Rücken, im Gespräch mit einer kleinen Gruppe, ist die optimale Position für Partyprofis.

An der Tür – dann können Sie auch gleich wieder heimgehen. Werfen Sie sich ins Getümmel – mit Taktik!

Die Küche – prima Parkplatz für ein kleines Schwätzchen. Sie können ein paar Gläser hineintragen und kommen sicher mit einigen Leuten ins Gespräch.

Büroparties sind nicht das reine Vergnügen. Büroparties sind offiziell, und es können dort gefährliche Fallen auf Sie warten, vor allem, weil so viele Hemmschwellen fallen. Wer mehr Wert auf den Aufstieg als auf den Aufriß legt, sollte sich deshalb bändigen. Für Ambitionierte ist stiller Charme angesagt. Absolut tödlich wäre es, nach dem fünften Glas Rotwein (bei dem man häufig rot sieht) dem Büroekel die Meinung zu geigen. Besser ist Schweigen – und selbst Informationen sammeln!

Wann ist der beste Zeitpunkt zum Gehen? Wenn Sie zum erstenmal gähnen. Dann geht sowieso nichts mehr. Wenn nur noch benutzte Gläser herumstehen. Wenn Sie den Büroklatsch in der dritten Interpretation zu hören bekommen. Sie werden nun nichts mehr versäumen.

KAPITEL 10

Von Partyprofis und scheuen Mädchen in der Muschel

Um allen Mißverständnissen gleich vorzubeugen: Die rauschenden Feste sind für jeden zweiten kein reines Vergnügen. Rund 50 Prozent aller Befragten bezeichneten sich bei einer Umfrage selbst als »schüchtern«. Die Psychologie stuft sie als »introvertiert« ein. Sie alle packt – mehr oder minder – in großen Gruppen das große Grauen. Es sind mindestens so viele Frauen darunter wie Männer.

Speziell jenen Frauen, die bei einer Einladung zuallererst nach einer Ausrede suchen, haben wir dieses Kapitel des Buches gewidmet. Sie tun sich genauso schwer wie die Männer und sie machen, wenn es rund geht, oft eine genauso unglückliche Figur. Fast schon tragisch kann es werden, wenn der Mann an der Seite einer solchen Frau ein ausgesprochener Partyprofi ist. Merkwürdigerweise finden aber immer solch gegensätzliche Typen zusammen.

Ilona P., 30, Grafikerin, ist auch einmal an so einen Partyprofi geraten. Warum? »Für ihn war ich offensichtlich eine große Herausforderung. Und es scheint ja wirklich etwas dran zu sein mit den Gegensätzen, die sich anziehen. Kurz und gut – wir verliebten uns.« Warum die Sache scheiterte? An dem ziemlich gegensätzlichen Verständnis von Geselligkeit. »Bei jeder Party sank ich sofort in irgendein Sofa und stand nicht mehr auf. Doch statt friedlich übersehen zu werden, wie früher, stand ich nun leider voll im Blickpunkt, den mitleidsvollen Blicken der anderen Partygäste ausgesetzt. Jedem tat ich leid, ich freudlose, lustlose Kreatur, verlassen von einem Mann, der nichts Besseres zu tun hatte, als in jeden Ausschnitt zu starren.« Für Ilona endeten die Partynächte in Vernichtungsschlachten daheim. »Warum ignorierst du mich, bin ich Luft für dich«, schrie sie ihn an. »Du sitzt einfach nur irgendwo herum, lahm herum«, schrie er zurück. »Tanze, flirte, amüsier dich!«

Und zu Silvester – übrigens der absolute Alptraum jedes Partyhassers –, da war die Geschichte zwischen Ilona und ihrem flatterhaften Gott der Geselligkeiten zu Ende. Ersparen wir uns die Einzelheiten. Ilona hatte jedenfalls gemerkt, daß es zwischen einem Partylöwen und einem Pflänzchen Rühr-mich-nicht-an nicht so recht funktionieren kann.

Es ist recht zweifelhaft, ob die Sache zu retten gewesen wäre. Ilona hatte schon immer ihre Schwierigkeiten mit großen Gruppen, während der zeitweilige Mann an ihrer Seite dort lustvoll eintauchte wie ein Delphin. Schon seine Körpersprache signalisierte das: »Ich fühl' mich wohl.«

Parties, das sollte erst einmal deutlich gemacht werden, sind keine stillen Abende unter maximal acht guten Freunden. Parties, das bedeutet: viele Fremde. Manche kommen erst spät darauf, daß Parties auch eine hervorra-

Sie läßt das Haar fliegen, weit zurück über die Schultern. Das Motiv ist einer Zigarettenreklame entlehnt. Die Deutung durch die Psychologie: Werbungsverhalten – sie rückt ihre Vorzüge ins Blickfeld.

gende Gelegenheit sind, neue Freunde zu finden (männlich oder weiblich). Parties bedeuten auch eine Chance, sich selbst aus einer depressiven Phase hinauszukatapultieren – oder sich die gute Phase, in der man gerade steckt, noch ein wenig mehr aufpolieren zu lassen.

Typisch Frau – das bedeutet in der Sprache des Körpers auch: die Beine zu kreuzen. Männer sitzen nur selten und mit sichtbarem Unbehagen in dieser Position. Für eine Frau ist dies aber eine besonders entspannte Sitzposition. So wird steifleinerne Förmlichkeit aus einer Unterhaltung vertrieben.

Der »Schaukelschuh« zeigt auch eine sehr entspannte Haltung. Daneben hat dieses Fußspiel auch einen phallischen Aspekt. Manche Männer sollen ganz wild werden, wenn eine Frau immer wieder den Fuß in einen Schuh hinein- und herausschlüpfen läßt.

sonders wichtig, Techniken zu entwickeln, um ihre Schüchternheit zu überwinden.

Das Mädchen, das die totale Superschau erwartet:

Merkwürdigerweise sind es gerade jene, die Parties fürchten wie die Krätze, die immer wieder zuviel davon erwarten. Die Erwartung wird zum Teufelskreis: Je mehr sie erwarten, desto enttäuschter sind sie, wenn die Party zu Ende ist und die Sache sich nicht als das Ereignis des Jahrhunderts entpuppt hat, sondern nichts anderes war, als ein ziemlich »durchwachsenes« Fest.

Der amerikanische Schriftsteller LARRY EISENBERG hat dieses Gefühl in einen delikaten Vergleich gepackt: »Große Parties sind wie Austern. Sie riechen großartig und sehen auch gut aus, aber wenn ich zuviel davon konsumiert habe, fühle ich mich ganz krank. Ich suche nach dem höchsten Gipfel bei einer Party und finde ihn nicht. Ich fühle mich ausgeschlossen und isoliert. Ich sehe mir die Schönen und die Partygenießer an, so schön und reich und ausgelassen, und ich werde ängstlich. Obwohl ich das alles längst weiß, kann ich doch keiner Party widerstehen.«

Jemand, der erwartet, daß die Nacht der Nächte sein Leben verändern wird, der wird ziemlich sicher eine große Enttäuschung erleben. Sicher, so dann und wann werden Parties auch von Märchenprinzen besucht. Aber in 98 von 100 Fällen sind die Märchenprinzen doch irgendwie anderweitig beschäftigt.

Was hilft gegen falsch plazierte Hoffnungen? Nun, in einer Party nicht mehr zu sehen als ein wenig Unterhaltung, etwas Spaß unter anderen Menschen. Und bitte nicht enttäuscht sein, wenn die Sause nun eben nicht das Leben verändert, Ihnen nicht die wahre Liebe bringt!

Die Party People – was ist an ihnen anders? Der Hauptunterschied liegt in ihren verspielten Neigungen, die spielen sie nämlich aus. Sie sind Kinder geblieben, haben das Spielen nicht verlernt. Sie fühlen sich als Stars auf der Bühne; die Nebenrollen – die haben immer die anderen.

Noch eine Sitzposition, die auf Männer ausgesprochen animierend wirkt: Die Beine sind übereinandergeschlagen. Sie will bewußt die Blicke auf sich ziehen. Wenn sich ein Bein an das andere preßt, ist der Muskeltonus besonders gut – das Bein wird »schöner«.

Eine Partylöwin vergißt den Alltag und widmet sich voll und ganz dem kleinen Theater, das bei der Party abläuft. Sie liebt das Fest, und sie spürt, daß der wahre Grund für solche Geselligkeiten darin liegen muß, den Alltag ein wenig erträglicher zu machen. Kein wahrer

Wer in Richtung auf einen Gesprächspartner die Knie kreuzt, zeigt damit zuerst einmal Sympathie. Wenn zwei, die miteinander reden, innerlich übereinstimmen, werden sie beginnen, ihre Gesten wie in einem Spiegel als »Doppel« auszuführen. Außerdem bilden sie eine geschlossene Formation, aus der alle anderen – hier der »dritte Mann« auf dem Sofa – ausgeschlossen sind: »Geschlossene Gesellschaft«!

Partykönig tigert mit dem Glas in der Hand durch die Meute auf der Suche nach einem »tiefen Gespräch« oder kommt mit dem Vorsatz, unverzüglich der großen Liebe seines Lebens zu begegnen. Gute Unterhaltung erwarten Partylöwinnen – und nichts anderes. Für sie ist dies fast so etwas wie eine erotische Erfahrung, sie lassen sich von Parties stimulieren, sind vielleicht ein wenig exhibitionistisch und nehmen die Gelegenheit wahr, einmal verrückte Sachen zu tragen, die sonst »unmöglich« sind, nehmen die Möglichkeit wahr, mit mehreren Männern zu flirten, ohne dabei gleich das Bett einzuplanen. Parties sind für sie die ganz legale Möglichkeit für einen großen Auftritt.

Ist ein solches Partymädchen für Sie ein Wesen von einem anderen Stern? Nun, dann sollten Sie sich zuerst mal ein paar Fragen stellen, die ihre Partyplanungen angehen:

- *Kommen Sie etwa zur falschen Zeit?* Wenn Sie es scheuen, die erste auf dem Parkett zu sein, und wenn Sie auch nicht gern kommen, wenn der Raum schon proppenvoll ist, dann suchen Sie sich jemanden, mit dem Sie kommen können. Fragen Sie nach, ob irgendeiner der Gäste in Ihrer Nähe wohnt, so daß Sie gemeinsam mit dem Wagen oder dem Taxi kommen können. Mit einem gemeinsamen Auftritt geht es leichter.
- *Verstecken Sie sich in einem Tarnanzug?* In einer Studie über das Leiden der Schüchternheit ist es dokumentiert: Die Schüchternen würden am liebsten aller Welt von ihren Schwierigkeiten berichten, aber sie wagen es nicht. Statt dessen gehen sie auf Tauchstation, tragen Tarnfarben – ein hervorragendes Mittel,

Hier kopieren das Mädchen links und der Mann rechts ihre Gesten: also Übereinstimmung. Beide sind sehr daran interessiert, näheren Kontakt aufzunehmen. Da bleibt dem Mann in der Mitte nur ein dünnlippiges Lächeln, um die Form zu wahren, denn zwischen diesen beiden »Buchstützen« muß er sich ziemlich überflüssig vorkommen. Aber die Haltung zeigt deutlich, was er wirklich empfindet. Seine Kopfhaltung hat Abwärtstendenz: Mißbilligung. Augenbrauen, die abwärts ziehen: Verärgerung. Und der Blick, den er seinem Nebenmann gönnt, ist ziemlich feindselig. Arme und Beine sind gekreuzt: Defensivhaltung.

Ehrlich und offen möchte er wirken, der Mann links, und das ist er vielleicht auch: offene Hände, Fuß vorgesetzt, Jacke aufgeknöpft, Arme und Beine offen. Aber leider nehmen die beiden anderen ihm das überhaupt nicht ab. Die Frau sitzt zurückgelehnt in ihrem Stuhl, hat die Beine gekreuzt und eine Armbarriere gebaut, außerdem ist die Faust geballt (Feindseligkeit). Der Mann in der Mitte baut aus seinen Händen eine Hürde – er fühlt sich überlegen, weiß alles besser. Die Vier-Uhr-Stellung seiner Beine signalisiert sogar sprungbereite Angriffslust. Allerdings, er hat sich stark kontrolliert und sitzt zurückgelehnt.

um nicht angesprochen zu werden! Besser: Sie tragen etwas, in dem Sie sich selbst schön finden!

- *Treten Sie etwa auf wie das Hauspersonal, statt wie ein Gast?* Niemand wird Gelegenheit haben, mit Ihnen zu sprechen, wenn Sie ständig Aschenbecher leeren oder Häppchen durch die Gegend tragen. Wenn Sie nervös sind, ist es sicher gut, irgendeine Aufgabe zu übernehmen – aber nicht als »Full-time-Job«. Reichen Sie mal ein paar Getränke oder was auch immer, um vielleicht ein Gespräch anzuknüpfen – aber mehr bitte nicht!
- *Sprechen Sie ausschließlich Speisen und Getränken zu?* Ständig die Backenmuskeln zu trainieren oder nach einem Glas zu langen, das macht nicht nur schweigsam (weil der Mund ständig gefüllt ist), das ist auch ein klassisches Zeichen der Unsicherheit. Außerdem ist es Gift für die Figur. Wenn Sie die drohende Gefahr überflüssiger Pfunde schon nicht stoppen kann, dann vielleicht die Tatsache, daß Sie schluckend und kauend am ehesten Ihre Unsicherheit verraten.
- *Schalten Sie ab, wenn die Musik eingeschaltet wird?* Irgend etwas zu tun, ist die beste Möglichkeit, mit der Schüchternheit fertig zu werden. Wenn Sie eifrig tanzen, haben Sie keine Zeit, schüchtern zu ein. Außerdem löst die rhythmische Bewegung Spannungen aller Art.
- *Sind Sie stumm wie ein Fisch beim Smalltalk?* Eine der Erkenntnisse, die sich aus der Untersuchung der Schüchternheit ergeben hat, ist die Tatsache, daß sich schüchterne Menschen ständig selbst beobachten, sich wie auf einer Bühne sehen, ihre Reaktionen zu kontrollieren versuchen. Sie glauben, daß ihnen alle zuhören (hämisch), wenn sie nur eine harmlose Bemer-

Hier herrscht steifleinerne Zurückhaltung. Alle drei haben die Arme gekreuzt, und auch ihre Beine sind verschränkt. Keiner mag im Moment so richtig aus sich herausgehen. Die Körper sind abgewandt: vorsichtiges Taktieren vor dem Einstieg in ein Gespräch. Der Mann rechts signalisiert allerdings Interesse. Die Fußrichtung zeigt, daß er sich ihr ganz gerne nähern würde.

Da geschieht jetzt was. Zuerst einmal wurde die Beinschranke aufgehoben. Sie hat sich aus der neutralen Position gelöst. Der Mann links hat seine Position ebenfalls gelöst – die Beinschranke ist aufgehoben. Unzufrieden mit dieser Entwicklung ist selbstverständlich der Mann rechts. Die verschränkten Arme zeigen die Verteidigungsposition. Er reagiert nur noch, agiert nicht mehr.

kung über das Wetter machen. Der Trick, erfolgreich »small« zu »talken«, liegt darin, daß Sie sich einbilden müssen, daß niemand in diesem Augenblick etwas Spontaneres oder Interessanteres zu sagen hat, als gerade Sie selbst!

- *Vermeiden Sie etwa Blickkontakt?* Wenn Sie die Augen zu Boden richten, während Sie sprechen, wirken Sie gelangweilt, uninteressiert oder abwesend. Logische Folge: Ihre Gesprächspartner werden sich – so schnell es eben geht – ausklinken, und dann stehen Sie allein da. Seinem Gesprächspartner direkt in die Augen zu blicken, hat eine enorme Wirkung. Sie wirken interessiert (und interessant), lebhaft und sexy. Und der Blick quer durch den Raum ist ein Signal, daß Sie erreichbar sind.
- *Akzeptieren Sie eine Einladung, um dann doch in letzter Minute wieder abzusagen?* Da gibt es Typen, die springen im letzten Moment von jeder Einladungsliste ab – immer wieder. Zuerst einmal sagen sie begeistert zu und bekommen dann in letzter Minute die Grippe oder Besuch. Das sind »No-show-Typen«, die nur eines erreichen: nicht wieder eingeladen zu werden. Das macht sie auf Dauer unerreichbar für andere. Wenn es eine Einladung zu einem Essen mit entsprechenden Vorbereitungen ist, machen sie sich sogar ausgesprochen unbeliebt. Wenn Sie also wissen, daß Sie doch nicht den Mut aufbringen werden, hinzugehen, dann sollten Sie schon vorher absagen. Aber wenn Sie »ja« sagen, dann sollten Sie auch gehen!
- *Kleben Sie wie eine Briefmarke an Ihrem Begleiter?* Die Tatsache, daß Sie jemand zu einer Party begleitet, bedeutet nicht, daß Sie ihm nicht von der Seite wei-

Die Weichen sind gestellt. Der Mann rechts muß feststellen, daß der Zug diesmal an ihm vorbeifährt – er steht auf dem Abstellgleis. Die Dreiergruppe besteht eigentlich nur noch aus zweien: dem Mädchen in der Mitte und dem Mann links. Was jetzt abläuft, ist Intensivwerbung. Sein Daumen greift tief in den Gürtel – er »funkt« mit diesem »Handzeichen«: »Dort steckt die Kraft!« Sie reagiert darauf, hat die Arme nicht mehr gekreuzt und wendet ihm den Körper zu. Ein Fuß in seine Richtung nach vorn gesetzt: Sie hat den ersten Schritt getan. Sie faßt sich ins Haar, zeigt einen Pluspunkt, entblößt die Handgelenke (Streichelwünsche). Und mit der Stimmung geht es ganz allgemein aufwärts, wie der aufsteigende Zigarettenrauch beweist.

chen dürfen. Das verdirbt ihm (und Ihnen selbstverständlich auch) alle Chancen, mal mit anderen Menschen zu sprechen. Auch wenn der Mann an Ihrer Seite Ihr Ehemann ist, braucht er soviel Freiheit.

Smalltalk mit dem Körper: Mindestens genauso wichtig ist es aber, daß Sie genau verstehen, was die anderen so sagen, wenn sie den Kopf zurückwerfen, auf dem Sofa die Beine übereinanderschlagen oder den Zigarettenrauch in Richtung Zimmerdecke blasen.

Literaturverzeichnis

ARGYLE, MICHAEL: The Psychology of Interpersonal Behavior. Penguin Books, Harmondsworth 1967.

BERNE, ERIC: Spiele der Erwachsenen. Rowohlt Taschenbuch Verlag, Reinbek 1970.

BIERACH, ALFRED J.: Das gewisse Etwas. Ariston Verlag, Genf 1993.

–: In Gesichtern lesen. Ariston Verlag, Genf 1992.

BIRDWHISTELL: Kinesics and Context. Allen Lane, London 1971.

BONNAFONT, CLAUDE: Die Botschaft der Körpersprache. Ariston Verlag, Genf 1979.

KURTH, HANNS: Menschenkenntnis auf den ersten Blick. Ariston Verlag, Genf 1974.

LÜSCHER, MAX: Signale der Persönlichkeit. Rowohlt Taschenbuch Verlag, Reinbek 1976

FAST, JULIUS: Körpersprache. Rowohlt Taschenbuch Verlag, Reinbek 1971.

–: Die Geschäftssprache des Körpers. Heyne Taschenbuch Verlag, München 1981.

EIBL-EIBESFELDT, IRENÄUS: Krieg und Frieden. Piper Verlag, München 1975.

KORDA, MICHAEL: Power. Random House, New York 1975.

GOFFMAN, IRVING: Interaction Ritual. Allen Lane, London 1972.

HALL, E. T.: Silent Language. Doubleday, New York 1959.

LAMB: Posture and Gesture. Duckworth, London 1965.

MORRIS, DESMOND: Der Mensch, mit dem wir leben. Droemer Knaur Verlag, München 1978.

PEASE, ALLAN: Body Language. Sheldon Press, London 1981.

SZASZ, SUZANNE: Körpersprache der Kinder. Gustav Lübbe Verlag, Bergisch-Gladbach 1978.

SCHEFLEN, ALBERT E.: Body Language and the Social Order. Prentice-Hall, Englewood Cliffs 1972.